什么是物流管理与工程？

WHAT IS LOGISTICS MANAGEMENT AND ENGINEERING？

刘志学　刘伟华　主编

大连理工大学出版社
Dalian University of Technology Press

图书在版编目(CIP)数据

什么是物流管理与工程? / 刘志学，刘伟华主编
. -- 大连 ：大连理工大学出版社，2024.5
ISBN 978-7-5685-5017-8

Ⅰ. ①什… Ⅱ. ①刘… ②刘… Ⅲ. ①物流管理
Ⅳ. ①F252

中国国家版本馆 CIP 数据核字(2024)第 107684 号

什么是物流管理与工程?
SHENME SHI WULIU GUANLI YU GONGCHENG

策划编辑:苏克治
责任编辑:邵　婉　张　娜
责任校对:朱诗宇
封面设计:奇景创意

出版发行:大连理工大学出版社
（地址:大连市软件园路 80 号,邮编:116023）
电　　话:0411-84708842(发行)
0411-84708943(邮购)　0411-84701466(传真)
邮　　箱:dutp@dutp.cn
网　　址:https://www.dutp.cn

印　　刷:辽宁新华印务有限公司
幅面尺寸:139mm×210mm
印　　张:4.25
字　　数:77 千字
版　　次:2024 年 5 月第 1 版
印　　次:2024 年 5 月第 1 次印刷
书　　号:ISBN 978-7-5685-5017-8
定　　价:39.80 元

本书如有印装质量问题,请与我社发行部联系更换。

出版者序

高考，一年一季，如期而至，举国关注，牵动万家！这里面有莘莘学子的努力拼搏，万千父母的望子成龙，授业恩师的佳音静候。怎么报考，如何选择大学和专业，是非常重要的事。如愿，学爱结合；或者，带着疑惑，步入大学继续寻找答案。

大学由不同的学科聚合组成，并根据各个学科研究方向的差异，汇聚不同专业的学界英才，具有教书育人、科学研究、服务社会、文化传承等职能。当然，这项探索科学、挑战未知、启迪智慧的事业也期盼无数青年人的加入，吸引着社会各界的关注。

在我国，高中毕业生大都通过高考、双向选择，进入大学的不同专业学习，在校园里开阔眼界，增长知识，提升能力，升华境界。而如何更好地了解大学，认识专业，明晰人生选择，是一个很现实的问题。

为此，我们在社会各界的大力支持下，延请一批由院士领衔、在知名大学工作多年的老师，与我们共同策划、组织编写了“走进大学”丛书。这些老师以科学的角度、专业的眼光、深入浅出的语言，系统化、全景式地阐释和解读了不同学科的学术内涵、专业特点，以及将来的发展方向和社会需求。希望能够以此帮助准备进入大学的同学，让他们满怀信心地再次起航，踏上新的、更高一级的求学之路。同时也为一向关心大学学科建设、关心高教事业发展的读者朋友搭建一个全面涉猎、深入了解的平台。

我们把“走进大学”丛书推荐给大家。

一是即将走进大学，但在专业选择上尚存困惑的高中生朋友。如何选择大学和专业从来都是热门话题，市场上、网络上的各种论述和信息，有些碎片化，有些鸡汤式，难免流于片面，甚至带有功利色彩，真正专业的介绍尚不多见。本丛书的作者来自高校一线，他们给出的专业画像具有权威性，可以更好地为大家服务。

二是已经进入大学学习，但对专业尚未形成系统认知的同学。大学的学习是从基础课开始，逐步转入专业基础课和专业课的。在此过程中，同学对所学专业将逐步加深认识，也可能会伴有一些疑惑甚至苦恼。目前很多大学开设了相关专业的导论课，一般需要一个学期完成，再加上面临的学业规划，例如考研、转专业、辅修某个专业等，都需要对相关专业既有宏观了解又有微观检视。本丛书便于系统地识读专业，有助于针对性更强地规划学习目标。

三是关心大学学科建设、专业发展的读者。他们也许是大学生朋友的亲朋好友，也许是由于某种原因错过心仪大学或者喜爱专业的中老年人。本丛书文风简朴，语言通俗，必将是大家系统了解大学各专业的一个好的选择。

坚持正确的出版导向，多出好的作品，尊重、引导和帮助读者是出版者义不容辞的责任。大连理工大学出版社在做好相关出版服务的基础上，努力拉近高校学者与

读者间的距离，尤其在服务一流大学建设的征程中，我们深刻地认识到，大学出版社一定要组织优秀的作者队伍，用心打造培根铸魂、启智增慧的精品出版物，倾尽心力，服务青年学子，服务社会。

“走进大学”丛书是一次大胆的尝试，也是一个有意义的起点。我们将不断努力，砥砺前行，为美好的明天真挚地付出。希望得到读者朋友的理解和支持。

谢谢大家！

苏克治

2021 年春于大连

前　言

习近平总书记指出："物流是实体经济的'筋络'，联接生产和消费、内贸和外贸，必须有效降低全社会物流成本，增强产业核心竞争力，提高经济运行效率。"物流业是支撑国民经济发展的战略性、基础性和先导性产业，对于增强制造业和流通业核心竞争力、提高国民经济运行效率、促进经济社会高质量发展具有战略性意义和作用。无论是长江经济带发展、京津冀协同发展、粤港澳大湾区建设、西部大开发、共建"一带一路"等扎实推进，还是高端装备制造、新能源汽车、新一代信息技术、新材料、生物制造等国家战略性新兴产业发展，抑

或是国家乡村振兴战略、扩大内需战略的有效实施，都需要现代物流业的有力保障。

人工智能、物联网、5G(A)、大数据、云计算、区块链、自动化等技术和运筹学等方法的快速发展与推广应用，极大地促进了物流管理模式、技术、方法和工具的颠覆式革命，推动了物流管理的智慧化发展，网络货运、数字仓库、无接触配送等物流新模式新业态不断涌现；智能立体仓库、自动分拣系统、无人码头、无人配送车、物流机器人、智能快件箱等技术装备加快应用。智慧物流（Smart Logistics）已成为最新和最重要的物流发展趋势，通过一系列智慧化技术手段和优化方法，实现物流全过程的智能化、自动化、精益化、动态化和可视化，提高物流系统智能决策和自动化作业能力，不仅大幅提升物流运营效率，而且有效减少物流成本。

顺应物联网、大数据和移动互联网等新一轮信息技术尤其是人工智能技术的快速发展，建设“智能工厂”、打造“智慧物流”已是制造企业发展的必然趋势。从战略高度重视数智化供应链建设，商贸流通企业依托海量的业务数据、庞大的客户资源和丰富的应用场景，积极向数智化转型，打造智慧物流服务平台和数字供应链服务平台，赋能业务提质增效，推动构建智慧物流生态圈。为更好地满足客户快速精准响应的物流需求，我国头部物流企业主动运用人工智能、现代信息技术和运筹优化方法，提供智慧物流解决方案。

中国是全球最大的物流市场，物流需求持续快速增长。现代物流业被普遍视为21世纪的朝阳产业，国家高度重视物流管理与工程类专业人才的教育和培养，教育部、人力资源和社会保障部表示，要在加强学历教育、规范和建立物流职业认证体系方面采取相应措施，加大人才培养力度。

融合管理学、经济学、工学等多个学科，物流管理与工程类专业形成了物流管理、物流工程、采购管理、供应链管理等专业知识体系，由此发展了物流管理与工程一级本科专业类的四个专业——物流管理、物流工程、采购管理、供应链管理。物流管理专业毕业生可进入制造、商贸、物流企业从事采购与供应管理、生产物流管理、供应链物流管理工作。物流工程专业毕业生多在物流、制造、商贸等企业从事物流系统分析设计、物流系统运营管理、物流项目规划建设等相关技术或管理工作。采购管理专业毕业生多在各类企业、政府采购管理部门以及行业管理部门从事相应的采购决策和供应管理等工作。供应链管理专业毕业生可在企事业单位和政府管理部门从事供

应链战略管理、供应链网络规划与设计、供应链系统设计和优化、供应链管理服务等工作。

物流管理与工程类专业具有巨大的发展潜力和广阔的就业前景。无论是企业在未来的转型发展还是国家推动现代化物流体系建设，都需要大量的创新型高素质物流管理与工程类专业人才。随着社会需求的不断发展，物流管理与工程类专业本科毕业生的就业方向非常广泛，包含制造型企业、商贸流通企业、第三方物流企业以及政府部门和各类企事业单位。同时，物流管理与工程类专业本科生的升学前景也非常好，无论在国内深造还是海外留学都有多个选择，既可以攻读物流与供应链管理领域的专业硕士学位，也可以硕博连读或直博获得博士学位。博士毕业后既可以在高等学校、科研院所从事教育和科研工作，也可以选择政府管理部门或者央企、大型国有或民营企业、跨国公司从事管理或专业科研工作。

本书由华中科技大学刘志学教授和天津大学刘伟华教授主编。首先由刘志学教授和华中科技大学管理学院博士后覃雪莲、博士生陈秋遐提出编写大纲，而后刘志学负责“被误解的物流”和“物流的‘前浪’与‘后浪’”两章的撰写，华中科技大学管理学院博士生陈秋遐和王巨龙分别负责撰写“物流给了我们什么？”和“什么是物流管理？”

两章的初稿，“什么是物流工程？”“大学中的物流管理与工程”“物流学子将何去何从？”三章由刘伟华教授负责，天津大学管理学院研究生刘婷婷、陈之璇和高培源参与其中部分初稿写作。初稿完成后由刘志学教授负责全书修订和定稿。

在本书编写过程中，查阅和参考了《“十四五”现代物流发展规划》等国家政策、中国物流与采购联合会和中国物流学会发布的行业信息以及多个企业官网或媒体报道资料，在此一并表示感谢。限于我们对物流管理与工程专业理论和方法的认识以及对相关资料掌握得不太全面，书中肯定存在不足和疏漏之处，敬请读者不吝指正，以利我们在再版时修订完善。

编者

2024 年 5 月

目　录

习近平总书记关于现代物流业发展的重要论述（节选）

习近平总书记高度重视现代物流业发展，对现代物流的地位与作用、创新及发展等作出一系列重要论述，为高质量发展现代物流业指明了前进方向。

2013 年 11 月 25 日，习近平总书记来到山东省临沂市兰田集团金兰物流基地视察指导工作。他指出："物流一头连着生产、一头连着消费，在市场经济中的地位越来越凸显。要加快物流标准化信息化建设，提高流通效率，推动物流业健康发展。"

2021 年 10 月 14 日，习近平主席在第二届联合国全球可持续交通大会开幕式上的讲话中指出："要大力发展智慧交通和智慧物流，推动大数据、互联网、人工智能、区

块链等新技术与交通行业深度融合，使人享其行、物畅其流。”

2022 年 10 月 16 日，习近平总书记在党的二十大报告中指出：“加快发展物联网，建设高效顺畅的流通体系，降低物流成本。”

2024 年 2 月 23 日，习近平总书记主持召开中央财经委员会第四次会议，在会上发表重要讲话强调：“物流是实体经济的‘筋络’，联接生产和消费、内贸和外贸，必须有效降低全社会物流成本，增强产业核心竞争力，提高经济运行效率。”

被误解的物流

▶▶物流是什么？（不识庐山真面目）

依据《物流术语》(GB/T 18354—2021)，物流指的是“根据实际需要，将运输、储存、装卸、搬运、包装、流通加工、配送、信息处理等基本功能实施有机结合，使物品从供应地向接收地进行实体流动的过程”。理解物流概念，应当注意以下基本要点：

(1)物流是物品物质实体的流动。这里的物品包罗万象，既包括企业生产需要的原材料(如钢铁生产需要的铁矿石、煤炭等)、零部件(如制造汽车需要的变速箱、电机等)和产成品(如手机、电脑、汽车、跑步机、空调等)，也包括人们日常生活中吃(大米、食用油、蛋糕、牛肉、咖啡

等)、穿(服装、运动鞋、保暖袜等)、住(沙发、灯具、灶具、床架、床垫等)、用(中性笔、牙刷、牙膏、化妆品等)的各类货物。值得注意的是,任何物品都具有二重性:一是自然属性,即它有一个物质实体;二是社会属性,即它具有一定的社会价值,包括它的稀缺性、所有权性质等。物品物质实体的流动是物流,物品社会实体的流动是商流。商流通过交易实现物品所有权的转移,而物流则通过运输、储存等实现物品物质实体的空间变换。

(2)物流是物品由供应地向接收地的流动。“供应地”涵盖物品的“原产地”(如五常大米出产于黑龙江省,烟台苹果出产于山东省,普洱茶出产于云南省,919 飞机总装于上海市,东风猛士越野车产于湖北省等)和“中转地”(如伊利牛奶从原产地内蒙古呼和浩特市通过铁路运输到武汉市,然后再通过公路运输到襄阳、黄石、宜昌等地级市,此处武汉市即中转地);“接收地”包括“消费地”,如烟台苹果、伊利牛奶等现在全国各地都有消费,一些枢纽城市(如北京市、天津市、武汉市、广州市等)既是消费地,也可能是烟台苹果或伊利牛奶物流过程中的“中转地”。从空间地理位置上说,物流(严格意义上一般指“正向物流”,没有特别说明,物流即指正向物流)是物品由供应地流向接收地。应该说明的是,物流是一种满足社会需求的活动，是一种经济活动。因此，不属于经济活动的物质实体流动就不应纳入物流的范畴，如山体滑坡虽然发生了相应一些物品如树木或野草的位移，但这样的位移不属于物流。

(3)物流有 8 大基本功能。从系统论的角度看，物流无疑也是一个动态复杂的系统。物流系统功能架构(图 1)包括运输、配送、储存、包装、装卸、搬运、流通加工和信息处理等 8 大基本功能。其中，运输、配送、储存和流通加工直接创造物流效用，因而称为主体功能，而包装、装卸、搬运和信息处理只能间接创造物流效用，称为辅助功能。物流主体功能和辅助功能相互联系、相互作用，作为一个整体为客户提供定制化物流服务解决方案，共同创造物流服务价值。

(4)物流创造 3 大效用。在物流运作过程中，往往伴有空间位置的移动、时间状态的改变和形状性质的变化，因而通过物流活动，可以创造物品的空间效用、时间效用和形质效用。通过运输、配送、装卸和搬运等功能克服供需之间的空间距离，创造物品的空间效用；通过储存等功能克服供需之间的时间差异，创造物品的时间效用；通过流通加工及包装等功能改变物品的形状性质，创造物品的形质效用。

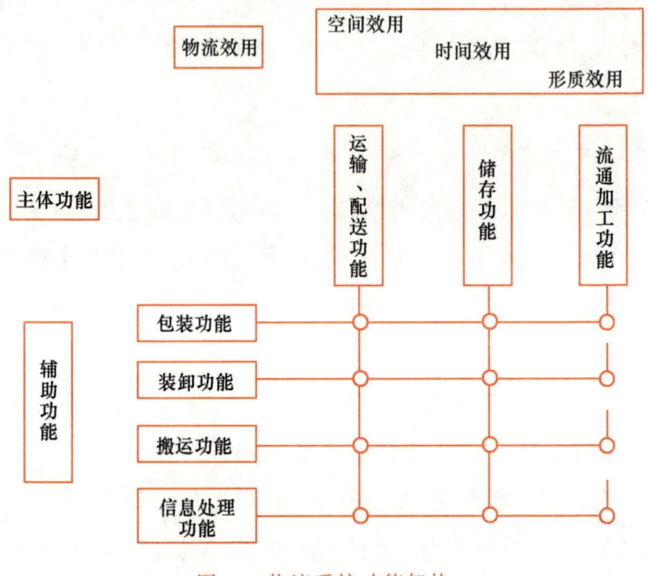

图 1　物流系统功能架构

(5)物流的基本特性就是普遍性。社会经济中所有物品的物质实体,无论它处在运动状态(运输、配送、搬运),还是处在静止状态(储存),抑或处在静动态(包装、装卸、流通加工),都毫无例外地处在物流状态。因为它们或者是使物品发生空间位置的变动,或者是使物品发生时间状态的改变,或者是使物品发生形状性质的变化。可见,物品要实现其价值和使用价值,就必须有物流的作用。而物质是不灭的,因而物流也是普遍的,无处不在,无时不在。

(6)物流的实质是服务。物流既服务于生产，又服务于流通，也服务于消费。现代物流业是生产性服务业，主要为生产制造和商贸流通企业提供全流程服务。2020年8月，国家发展和改革委员会、工业和信息化部等13部门和中国国家铁路集团有限公司联合发布《推动物流业制造业深度融合创新发展实施方案》，指出制造业是国民经济的主体，是全社会物流总需求的主要来源，推动物流业和制造业融合发展，促进物流业和制造业协同联动与跨界融合，旨在统筹推进物流业降本增效提质和制造业转型升级。到2025年，物流业在促进实体经济降本增效、供应链协同、制造业高质量发展等方面作用显著增强，制造业供应链协同发展水平大幅提升，精细化、高品质物流服务供给能力明显增强，主要制造业领域物流费用率不断下降。

▶▶物流不是什么？（真理不辩不明）

有几个方面的原因（如物流概念产生的时间不长、我国引入物流概念的时间较短，特别是我国基于电子商务高速发展出现的快递物流遍地开花，非物流专业人士接触到的物流基本上是“快递”……）使得人们对物流产生

较多的“误解”，如“物流就是大车队”“物流就是圈地建仓库”“物流就是物资流通的简称”等。其中最大的误解是“物流就是快递，快递就是物流”。这对近年来我国大学物流管理与工程类本科专业招生带来较大的负面影响，尤其影响“双一流高校”中原“985 高校”物流类专业的招生（就业非常好，但招生数量减少，生源分数拖后腿，甚至导致一些大学停止物流类专业招生或者转换专业）。以下对物流与快递的关系进行辨析——物流与快递不能混淆。

（1）快递物流是物流整体的一个小分支。随着 21 世纪后我国电子商务的持续高速增长，快递物流额不仅屡创新高，而且高居世界各国与地区之首。2023 年我国快递业务量累计完成 1 320.7 亿件（约占全球快递总量的 60%），同比增长 19.4%。值得注意的是，快递物流总额只占全国社会物流总额的很小的比重。国家发展和改革委员会、中国物流与采购联合会通报（全国物流运行情况）显示，2022 年全国社会物流总额为 347.6 万亿元，按可比价格计算，同比增长3.4%；而单位与居民物品物流（基本上就是人们认为的“快递物流”）总额为12.0 万亿元，增长 3.4%。可见，快递物流额占社会物流总额的比重不到 3.5%（2021 年这一比重为 3.32%，2020 年为 3.26%）。那么，什么领域的物流占比最高呢？毫无疑问，是工业品物流，2022 年工业品物流总额为 309.2 万亿元，占社会物流总额的比重达到 88.95%（2021 年这一比重为 89.37%，2020 年为89.93%）。

（2）快递物流也有现代技术和方法支撑。向更深一层次考察，快递物流不只是人们主观感受的装卸、运输和送货到家，支撑我国快递物流高速发展离不开现代信息技术、网络技术和运筹优化方法以及物流装备的广泛应用。以京东物流为例，2016 年 5 月，京东成立京东 JDX 事业部，专注于“互联网＋物流”领域，囊括京东全自动物流中心、京东无人机、京东仓储机器人及京东自动驾驶车辆送货等智能物流项目，旨在通过技术、方法和装备强化物流服务体系，为京东物流事业发展保驾护航。至今，JDX 事业部在无人仓、无人车及无人机等核心技术方面都取得了重大突破。从仓内自动化设备到末端配送，当前京东物流已经构建了相对完整的机器人生态。现有产品除了应用于物流中的仓、运、配等环节的如穿梭机、穿梭车、天狼和地狼系统等，也包括具备巡检、客户服务等个性化功能的机器人。

物流的“前浪”与“后浪”

▶▶物流起源

“物流”应该是经济社会活动中最基本的概念之一。它无处不在、无时不在，与人们的生产经营活动和日常生活紧密相关。然而，直到 20 世纪 60 年代后人们对它才有所认识，而且越来越深入。这是为什么呢？主要是因为经济社会的发展有一个过程，因而人们对物流的认识也由萌芽到全貌。总体上看，物流的起源有“市场营销”起源说和“军事后勤”起源说。

➡➡物流的“市场营销”起源说

从市场经济发展过程来看，物流是市场经济高度发展的产物，也是市场经济高度发展的需要。在人类早期社会，生产力水平极低，人们自给自足，有限的一点产品自己生产出来自己消费，因此不需要考虑产品的运输、储存问题，也就不会产生物流的概念。直到 20 世纪初，在一些发达资本主义国家，生产力发展到比较高的水平，社会总产品数量达到比较饱满的状态，社会总需求也相应有较大程度的增长。企业生产出来的产品不一定都能销售出去，市场竞争激烈，而且再靠提高生产技术已经有一定难度。这时，人们不得不关心产品销售，希望通过抓销售来打开市场，降低销售成本。由此，人们才逐渐关注销售物流，物流的概念也开始萌芽。

最早关于物流的概念是 1915 年由阿奇 · W. 萧(Arch W. Shaw)提出的。他在《市场分销中的若干问题》(*Some Problems In Market Distribution*，哈佛大学出版社，1915 年出版)中首次提出 Physical Distribution，有的人把它译成“实体分销”，也有的人把它译成“物流”，这就是最早的物流概念，其实质是“分销物流”。1935 年，美国销售协会进一步阐述了物流(Physical Distribution，PD)的概念：“物流是包含于销售之中的物质资料和服务在从生产场所到消费场所的流动过程中所伴随的种种经济活动。”

第二次世界大战后，西方经济进一步发展，生产力水

平进一步提高，需求规模进一步扩大，市场竞争进一步加剧，进入大量生产、大量销售时期。这时候，为了进一步扩大市场占有率，降低流通成本，企业和社会更加关注“物流”，使得PD的概念更为系统化、普遍化。

1962年，管理大师P. F. 德鲁克（P. F. Drucker）在《财富》杂志上发表的一篇题为《经济的黑色大陆》的文章中指出：“消费者所支出的商品价格的约50%是与商品流通活动有关的费用，物流是降低成本的最后领域。……随着技术水平和内部管理的加强，生产和销售领域内降低成本的空间越来越小，而在生产和销售领域以外的运输、仓储、配送等物流环节上却大有潜力。于是，在企业经营决策者层面上，对物流的认识普遍得到提高，开始把寻求成本优势和差别化优势的视角转向物流领域，物流被视为‘第三利润源’。”

我国是在20世纪70年代末从国外引进物流概念的，当时接受的是Physical Distribution（PD），译成“物流”。因此，我国许多文献中也是按PD的概念来阐述物流的，一直沿用到20世纪90年代初。90年代中期，我国市场经济发展达到一定程度，特别是电子商务的出现与发展，把物流推向一个崭新的发展阶段，形成了自90年代末以来不断升温的“物流热”。可见，我国的物流实践也进一步证明“物流是市场经济高度发展的必然产物”。

以上通过市场经济发展所形成的“物流”概念，实际上都是“销售物流”，这也是“Physical Distribution”的本意。因此，一谈到物流，自然就把它与销售联系起来。所以很容易把销售物流当成物流的全部意义。这个概念上的错误直到20世纪80年代末、90年代初才逐步被纠正过来。这个纠正得益于军事后勤的发展所形成的物流(Logistics)概念。

➡➡物流的“军事后勤”起源说

Logistics一词的原意为“后勤”，是一个军事术语。1905年，美军少校琼西·B.贝克尔(Chauncey B. Baker)在他所著《军队和军需品运输》一书中写道：“作战艺术的一个分支关于军队调动和保障供给的工作称为后勤。”

在第二次世界大战期间，美军及其盟军为了战争，需要在横跨欧洲、美洲、大西洋的广大空间范围内进行军需物品的补充调运。在军队人员调动，军用物品装备的制造、运输、供应，战前配置与调运，战中补给与养护等军事后勤活动中，研究和应用了一系列技术、方法，使得这些后勤活动既能够及时保障供给、满足战争需要，又使得费用最省、时间最短、成本最低，还能安全实施、巧妙地回避

敌方攻击。实际上，这些都可以归结为对军需物品的采购、运输、仓储、分发进行统筹安排、优化调度和全面管理。军事后勤研究成果的应用对战争胜利发挥了显著作用。人们总结这些军事后勤活动中形成的方法和技术，形成了一些系统的理论、方法和技术，并发展成为一门“后勤管理”(Logistics Management)学科。

战后，这些后勤管理理论被引入经济部门，应用于流通领域和生产经营管理全过程中所有的与物品获取、运输、储存、配送有关的活动，取得了很好的效果。进入20世纪80年代末，人们已经对“物流”概念有了较全面的认识，觉得用“Physical Distribution”作为“物流”的概念已经不够确切。因为它只能描述销售物流，而实际上物流不仅包括销售物流，还包括采购物流、生产(制造)物流、回收物流、废弃物流、再生物流等，应该是一个闭环的全过程，就像军事后勤管理所包含的内容一样广泛。于是，人们逐渐认识到使用“Logistics”作为物流的概念更合适，这是物流科学走向成熟的标志。20世纪90年代初以来，在我国，虽然中文仍然还叫“物流”没有变，但是翻译成英文时都一概使用“Logistics”。

用Logistics取代PD，说明人们对物流认识的深刻化、完善化。由军事后勤形成的物流概念取代由市场营销形成的物流概念，并不说明物流概念只来源于军事后勤，而是更有力地说明物流概念来源于包括军事经济、企业经济在内的所有经济形态的发展，只要出现大量生产、大量流通和大规模消费，社会再生产过程良性循环发展，就必然需要研究和发展物流。只有大力发展物流业，才能保障这种大量生产、大量流通和大规模消费的健康持续发展。

▶▶物流发展趋势：智慧物流

物流业发展历经集成化物流、共同化物流、自动化物流等典型物流模式。我国近年大力发展“互联网＋物流”，大大提升了物流效率，有效降低了物流成本，我国物流成本占国内生产总值(GDP)的比率已从2010年的17.8%下降到2023年的14.4%。值得注意的是，随着人工智能、物联网、5G(A)、大数据、云计算等技术的快速发展和推广应用，智慧物流(Smart Logistics)已成为最新也是最重要的物流发展趋势，将对现代物流业、物流高等教育等带来全新的机遇和挑战。

➡➡智慧物流的特点

一般认为，智慧物流是以物联网和大数据为依托，通

过协同共享创新模式和人工智能先进技术，重塑产业分工，提高物流系统分析决策和智能执行能力，提升消费体验的新兴物流业态。它与数字经济、新基建、战略性新兴产业紧密相连、高度契合。因此，智慧物流具有以下显著特点：

❖❖智能决策

人工智能、大数据分析、云计算、机器学习等技术和方法在物流中的应用，大大增强了物流系统决策的敏捷性和有效性。

❖❖数据驱动

通过大数据、数据孪生等技术的挖掘、分析和集成，实现基于客户需求信息的快速响应，以数据驱动物流系统的决策和运营。

❖❖深度协同

基于信息共享和全局优化的智能算法，能够实现物流系统各参与成员的高效分工合作，进而实现物流各功能内部资源、功能间资源、产业链结构和产业链间资源的优化配置。

❖❖技术适配

通过智能硬件、物联网、大数据等智慧化技术与手段，提升整个物流系统的智能化、自动化水平。因此，智慧物流的主要挑战是技术，不仅是匹配，更需要优化与适配，实现技术与物流的融合。智慧物流最终要实现增值服务，既提高效率，又降低成本。比如车货匹配，需要让有限的货车在时空上的分布和货物实现时空的耦合，即通过设计和应用基于大数据的创新算法，实现车货供需的准确预测、资源的有效匹配和道路运输系统的优化。

❖❖平台支持

采用云计算、物联网、三网融合等新一代技术打造的智慧物流平台，支撑各业务层运用先进的信息化技术、自动化装备进行有效的物流信息获取、传递、处理、控制和展示，提高整个系统的智能化水平。智慧物流信息平台以物流服务一体化、物流过程可视化、物流交易电子化、物流资源集成化、物流运作标准化和客户服务个性化为目标，可有效解决长期存在的物流业务彼此独立运作、难以无缝衔接的问题，从而达到降低物流成本、提高效率、提升管理和服务水平的目的。

➡➡智慧物流的实践应用

当今的中国，移动互联网、大数据、云计算、物联网等新技术在物流领域广泛应用，网络货运、数字仓库、无接触配送等物流新模式、新业态不断涌现。智能立体仓库、自动分拣系统、无人码头、无人配送车、物流机器人、智能快件箱等技术装备加快应用，大型货运无人机、无人驾驶车等起步发展，快递电子运单、铁路货运票据电子化得到普及。

✣✣制造业智慧物流

顺应物联网、大数据和移动互联网等新一轮信息技术尤其是人工智能技术的快速发展，建设“智能工厂”、打造“智慧物流”已是制造企业发展的必然趋势。一汽大众佛山工厂高峰时每天要生产 2 400 台汽车，供客户定制化选择的零部件上万种。面对如此复杂的零部件物流拣选工况和巨大的物流工作量，引入高度智慧化、柔性化的移动机器人系统成为一汽大众佛山工厂物流自动化升级的首选，携手智能装备提供商海康机器人公司，共同打造佛山工厂的智慧物流系统，涵盖物流总控平台、车辆生产排程系统、移动机器人控制系统和智能仓储管理系统，实现了从生产线到仓库，覆盖全工厂的物流自动化搬运，既提升了物流效率，降低了用工成本，也增强了物流系统的柔性。同样，上汽安吉物流公司始终致力于智慧物流供应链建设，打造高科技物流企业新标杆。整车物流方面，安吉物流采用“智慧派单”替代传统运单指派，形成新商业模式；以“多式联运”中央调度与大数据平台支撑新运作模式；应用“自动化立体库”等智能装备，以新技术赋能运营模式，“三箭齐发”引导整车物流业务的数智化转型。

✣✣流通业智慧物流

厦门象屿集团有限公司位列2023年世界500强企业第142位。公司秉持“计利天下，相与有成”的使命，通过物流、商流、资金流、信息流四流合一的一体化流通服务平台，为客户提供从原辅材料与半成品的采购供应直至产成品的分拨配送之间的全价值链流通服务。公司从战略高度重视数智化供应链建设，依托海量的业务数据、庞大的客户资源和丰富的应用场景，积极向数智化转型，以“公、铁、水、仓”综合物流能力及国际多式联运物流网络为支撑，打造象屿智慧物流服务平台和“屿链通”数字供应链服务平台，为客户提供多式联运运输追踪、数字化仓储管理、数字供应链金融等数智化服务，赋能业务提质增效，推动构建智慧物流生态圈。九州通医药集团是我国最大的民营医药流通企业，经营品种品规41万余个，

上游供货商 1 万多家，下游客户约 20 万家，对物流效率要求非常高。为此，九州通医药集团坚持自主研发，应用大数据与人工智能技术，全面参与调度决策、运营管理数字化、运作过程协同化。通过打造“九州云仓”物流平台，先后研发完成全国物流管理平台，涵盖全国运输管理平台、仓储管理平台和物联应用系统等，将全国物流平台中的物流运营数据集中垂直管理并进行精准运营、监控诊断及绩效考评，对供应链物流各应用单元信息进行互联互通，实现平台智能一体调度，多级、多段、多任务协同，运作全过程透明监管。运输管理云平台将运输业务统一计划管理与调度、运输业务分级分段，实现多式联运、内外运输资源协同，仓储与配送一体化。仓储管理云平台则主要负责进行仓储资源管理、协同仓储作业计划与调度、透明化作业过程管理。

✣✣物流企业智慧物流

为更好地满足客户快速精准响应的物流需求，我国头部物流企业主动运用人工智能、现代信息技术和运筹优化方法，提供智慧物流解决方案。中国外运股份有限公司（简称“中国外运”）以打造世界一流智慧物流平台企业为目标，在干线物流场景精准导入自动驾驶技术，以提供更安全、稳定、智能、高效、低碳的科技驱动的混合运力货运解决方案，并已成功开通围绕“珠三角-长三角-山东半岛”区域的多条L4级(高度自动驾驶)自动驾驶线路。同时，中国外运聚焦城市配送与干线运输两大场景，建立智能运输调度系统，研发高效运筹优化算法，为客户提供多维度、多目标、多场景的任务分配及路线规划建议，配置四十多种针对性算法策略，大幅提升运输时效和车辆利用率。为有效解决传统仓库多行业、多业务场景下盘点人员工作量大、差错率高、时效性低、盘点成本高、存在安全风险等问题，中国外运自主研发了以视觉识别技术为核心、以AGV(自动导航小车)为移动载体、以自动升降系统和柔性机械臂为支撑的智能盘点解决方案——自动盘点机器人，使一线业务从传统人工作业升级到自动化、智能化运营。

在日日顺供应链为比亚迪提供的全流程一体化物流管理解决方案中，通过智能下单、全流程监控、智能调仓等技术和方法，实现汽车零部件运输过程更加高效、准确。位于日日顺供应链即墨物流园的智慧无人仓，定位于连接产业端到用户端的全流程、全场景区域配送中心，通过5G、人工智能技术以及智能装备的集中应用，为用户提供定制化的场景物流服务解决方案，所处理的库存管理单元(SKU)数量超过1万个，实现全品类大家电的

存储、拣选、发货无人化。通过智能码垛、智能存储、智能分拣等全自动化作业，避免了人工作业引起的差错，保证了物流作业精准化、高效化。基于领先的设备和“智慧大脑”，无人仓作业效率和准确率均得到大幅提升，出货量达到 2.4 万件/天。与传统仓库相比较，作业人员大量节省，库存利用率提高 4 倍。

▶▶物流“大牛企”

一直以来，物流管理与工程类专业（包括物流管理专业、物流工程专业、采购管理专业，2018 年又增设供应链管理专业，以下简称“物流类专业”）的本科生对毕业后就业非常关注。其实，物流类专业学生就业领域非常宽广，既可以到制造企业、商贸流通企业从事物流管理工作、采购管理工作、供应链管理工作，也可以到物流企业从事物流战略规划、物流优化决策和物流运营管理工作，并且可以到金融企业从事物流金融、供应链金融等工作。

➡➡3 家物流“央企”

在由国务院国有资产监督管理委员会管理的 97 家中央企业中（简称“央企”），物流央企有招商局集团有限公司、中国远洋海运集团有限公司和中国物流集团有限公司。

✣✣招商局集团有限公司

作为中央直接管理的国有重要骨干企业，招商局集团有限公司总部位于中国香港，现有员工 28 万人，总资产达 13.6 万亿元。2023 年，集团实现营业收入为 9 238 亿元，利润总额为 2 268 亿元。招商局集团业务主要集中于交通物流、综合金融、城市与园区综合开发和新产业等四大核心产业。其中，交通物流管辖的主要企业有招商局港口集团股份有限公司(招商港口)、中国外运股份有限公司(中国外运)、中国长江航运集团有限公司(长航集团)、招商局能源运输股份有限公司(招商轮船)、辽宁港口集团有限公司(辽港集团)等。招商港口在中国沿海主要枢纽港建立了较为完善的港口网络群，投资或者投资并拥有管理权的码头遍及香港、台湾、深圳、宁波、上海、青岛、天津、大连、营口、漳州、湛江、汕头等集装箱枢纽港，并成功布局东南亚、非洲、欧洲、中东、北美、南美和大洋洲等地区。中国外运以打造世界一流智慧物流平台企业为愿景，以最佳解决方案和服务持续创造商业价值与社会价值，形成以专业物流、代理及相关业务和电商业务为主的三大业务板块，为客户提供端到端的全程供

应链解决方案服务。长航集团是中国最大的内河航运企业，深耕长江经济带，主要经营长江航运、邮轮旅游和港航服务业；招商轮船拥有中国历史最悠久、最具经验的远洋油轮船队，是拥有超大型油轮（VLCC）和大型矿砂船（VLOC）船队规模世界第一的船东。

❖❖中国远洋海运集团有限公司

中国远洋海运集团有限公司（简称中国远洋海运集团）由中国远洋海运集团公司和中国航运（集团）总公司合并而成，既是中国航运业的龙头企业，也是世界航运物流巨头之一。中国远洋海运集团完善的全球化服务筑就了网络服务优势与品牌优势，以航运、港口、物流等为基础和核心产业，以数字化创新、产融结合、装备制造和增值服务为赋能产业，聚焦数智赋能、绿色低碳，全力构建“航运＋港口＋物流”一体化服务体系，打造全球绿色数智化综合物流供应链服务生态。该集团在全球投资码头57 个。集装箱码头 50 个，集装箱码头年吞吐能力达1.33 亿标箱（TEU），居世界第一。全球船舶燃料销量超过2 999 万吨，居世界第一。截至2023 年 12 月，中国远洋海运集团经营船队综合运力达1.16 亿载重吨/1 417 艘，排名世界第一。其中，集装箱船队规模达 305 万标箱/504 艘，居世界前列；干散货船队运力达 4 632 万载重吨/436 艘，油、气船队运力达 2 858 万载重吨/229 艘，均居世界第一。

✣✣中国物流集团有限公司

作为国务院国资委直接监管的股权多元化国有全资中央企业，中国物流集团有限公司由原中国铁路物资集团有限公司、中国物资储运集团有限公司、华贸国际物流股份有限公司、中国物流股份有限公司和中国包装有限责任公司整合而成，同步引入中国东方航空集团有限公司、中国远洋海运集团有限公司、招商局集团有限公司作为战略投资者，形成紧密战略协同。公司注册资本为 300 亿元，经营网点遍布国内 30 个省(市、区)及海外五大洲；占地面积达 2 426 万平方米，拥有库房 495 万平方米、料场 356 万平方米；拥有铁路专用线 120 条、期货交割仓库 42 座；整合专业公路货运车辆近 300 万辆；国际班列纵横亚欧大陆，在国际物流市场具有显著竞争优势。中国物流集团拥有中国铁物、中储股份、华贸物流和国统股份等 4 家境内上市公司，以“促进现代流通、保障国计民生”为己任，致力于打造“成为具有全球竞争力的世界一流综合性现代物流企业集团”，着力发展供应链物流、民生物流、特种物流、危险品物流、工业物流、应急物流、冷链物流、军民融合物流、跨境物流等。

➡➡物流“50强”

根据中国物流与采购联合会发布的“2023年中国物流企业50强”，入围的物流企业业务收入门槛达到77.4亿元。从结构看，物流业务收入千亿元级企业增加至5家，百亿元级企业增加至34家，合计占比近80%；百亿元级企业数量成为中坚力量，行业聚集效应持续显现，物流行业市场集中度进一步提升（其10强企业名单见表1，有兴趣的读者可上网获取完整的50强企业信息）。

表1　2023年中国物流企业50强前10名

排名	企业名称	物流业务收入/万元
1	中国远洋海运集团有限公司	57 594 190
2	厦门象屿股份有限公司	26 907 403
3	顺丰控股股份有限公司	26 207 974
4	北京京邦达贸易有限公司	13 740 200
5	中国外运股份有限公司	10 881 672
6	浙江菜鸟供应链管理有限公司	7 397 046
7	上海三快智送科技有限公司	7 006 390
8	圆通速递股份有限公司	5 353 931
9	中通快递股份有限公司	5 307 210
10	中铁物资集团有限公司	4 871 403

➡➡世界500强中的物流“巨无霸”

在2023年世界500强企业中，有几十个物流领域的航运、铁路集团、邮政、快递和综合物流服务企业，如中国邮政集团有限公司、德国邮政敦豪集团、丹麦马士基集团等。

✣✣中国邮政集团有限公司（86位）

中国邮政集团有限公司成立于2007年，是中国领先的综合性国有企业，总部设在北京，截至2023年，有员工395 173人。业务涵盖邮政、快递物流和金融等领域，拥有庞大的国内外业务网络。在国内，邮政网点遍布城乡，提供邮政服务；业务覆盖全国，为亿万用户提供快捷可靠的快递服务。同时，邮政集团还积极开展金融服务，包括邮政储蓄和邮政保险等，为客户提供多样化的金融产品。在国际市场上，中国邮政集团有限公司建立了跨国邮政网络，提供国际邮件、快递等服务。中国邮政集团有限公司致力于服务人民、促进经济发展，是中国邮政行业的重要力量之一。集团2022年营业收入为7 417.65亿元，利税总额为718.19亿元。

✣✣德国邮政敦豪集团（103位）

德国邮政敦豪集团为全球领先的物流和邮政服务提供商之一，由德国邮政和敦豪国际两大部分组成，业务涵盖邮政、快递、物流和电子商务等领域，拥有员工554 975人；

拥有庞大的国际网络和先进的物流设施，在全球各地提供包括快递递送、货运运输、供应链管理和电子商务解决方案等多样化服务。集团旗下的敦豪国际业务是全球领先的国际快递服务提供商，为全球企业和消费者提供跨国快递递送服务。集团投入大量资源推动数字化转型，提升物流效率和客户体验。2022 年，德国邮政敦豪集团营业收入为 944 亿欧元（约合 7 370 亿元人民币），利税总额为 84.36 亿欧元（约合 650 亿元人民币）。

✣✣马士基集团（151 位）

马士基集团为世界领先的综合性航运物流和能源公司，业务涵盖航运、港口运营、物流和能源等多个领域，拥有员工 104 260 人。作为全球最大的集装箱航运公司之一，马士基集团拥有庞大的船队和全球性的航线网络，覆盖全球各大港口和贸易中心。同时，马士基还在港口运营、物流解决方案和供应链管理等领域拥有丰富的经验和资源，为客户提供全方位的运输和物流服务。马士基集团还积极投身能源领域，涉足油气勘探、生产和贸易等业务，拥有多个油田和油气资源项目，致力于为全球能源市场提供稳定可靠的能源供应。马士基集团以其卓越的管理和创新能力闻名于世，不断引领行业发展。集团坚持可持续发展理念，致力于降低碳排放、提高能源效率和保护环境。2022年,马士基集团营业收入为815亿美元(约合5 890亿元人民币),利税总额为309亿美元(约合2 230亿元人民币)。

物流给了我们什么？

▶▶战略性产业

物流业是支撑国民经济发展的战略性、基础性和先导性产业。物流是实体经济的“筋络”，有机联接生产、流通和消费，对于增强产业核心竞争力、提高经济运行效率、促进经济社会高质量发展具有战略性意义和作用。中国是全球最大的物流市场之一，物流需求持续增长。根据国家发展改革委和中国物流与采购联合会共同发布的 2023 年全国物流运行情况通报，2023 年全国社会物流总额为 352.4 万亿元，增速较 2022 年提高 1.8 个百分点；物流业总收入为 13.2 万亿元，同比增长 3.9%。近年来，我国陆续发布政策文件大力支持物流业发展。

2020 年 6 月，国家发展改革委和交通运输部发布《关于进一步降低物流成本的实施意见》，提出“培育骨干物流企业，鼓励大型物流企业市场化兼并重组”。2021 年 3 月发布的《中华人民共和国国民经济和社会发展第十四个五年规划和 2035 年远景目标纲要》（简称“十四五”规划）明确提出构建现代物流体系，加快发展冷链物流，优化国际物流通道，加快建立储备充足、反应迅速、抗冲击能力强的应急物流体系。2022 年 1 月，《“十四五”现代流通体系建设规划》正式发布，“加快发展现代物流体系”单设一章，提出构建现代物流基础设施网络，拓展物流服务新领域新模式，培育充满活力的现代物流企业，提升多元化国际物流竞争力，加强高效应急物流体系建设。

无论是长江经济带发展、京津冀协同发展、粤港澳大湾区建设、西部大开发、共建“一带一路”等扎实推进，还是高端装备制造、新能源汽车、新一代信息技术、新材料、生物制造等国家战略性新兴产业发展，抑或是国家乡村振兴战略、扩大内需战略的有效实施，都需要现代物流业的有力保障。高效的现代物流体系能够帮助生产企业、流通企业等降低成本、提升效率，并且物流业和制造业、流通业等多业深度融合发展能够创造出新的价值。随着中国经济结构转型，劳动力成本增加，中国制造逐渐向高质

量和智能化方向发展，与制造业相融合的现代物流业的数智化转型步伐大大加快，智能物流装备和智慧物流设施的研发力度与普及应用加大。2022 年中国智慧物流市场规模近 6 995 亿元，相较于 2021 年增长 8%，到 2025 年预计将突破 1 万亿元。

▶▶基础设施

《"十四五"现代物流发展规划》指出，我国国家物流枢纽、国家骨干冷链物流基地、示范物流园区等重大物流基础设施建设正在稳步推进。到 2025 年，将衔接国家综合立体交通网主骨架，完成约 120 个国家物流枢纽、约 100 个国家骨干冷链物流基地布局建设，基本形成以国家物流枢纽为核心的骨干物流基础设施网络；物流干支仓配一体化运行更加顺畅，串接不同运输方式的多元化国际物流通道逐步完善，畅联国内国际的物流服务网络更加健全；枢纽经济发展取得成效，建设 20 个左右国家物流枢纽经济示范区。同时，基于移动互联网、大数据、云计算、物联网、人工智能等技术，自动分拣系统、无人仓、智慧港口、无人码头、无人配送车、物流机器人等物流装备和设施将得到加快应用，高铁快运动车组、大型货运无人机、无人驾驶卡车等起步发展，快递电子运单、铁路货运票据电子化得到普及。在这些物流基础设施设备的支撑下，制造业和流通业可以不断挖掘利润空间，社会民生得到切实保障。

以制造业物流为例，2020 年 8 月，国家发展改革委发布《推动物流业制造业深度融合创新发展实施方案》，指出要推动物流业制造业融合发展，适应制造业数字化、智能化、绿色化发展趋势，加快物流业态模式创新；鼓励制造业开展物流智能化改造，推广应用物流机器人、智能仓储、自动分拣等新型物流技术装备。制造业物流主要包括生产企业原材料与零部件等的采购物流、企业内部的制造加工物流和产成品销售给客户的分销物流等。例如，比亚迪生产并销售新能源汽车，首先要对动力电池、充电器、电机、电动压缩机和功率电子等零部件从哪里购买、购买多少和什么时间送达做出决策；在生产环节，要按照工艺流程要求将 20 000 个左右的汽车零部件准确及时配送到加工或装配工位上；整车下线后要考虑如何高效率低成本地将指定数量的汽车交付给客户。汽车物流基础设施涵盖立体车库、物流/配送中心、高速公路、港口码头等实体基础设施和网络调度平台、运筹优化系统等软件基础设施。

上汽安吉物流是全球领先的汽车物流公司，以智能

化、数字化、网联化为核心，积极应用智能装备技术和整车仓储运营管理解决方案。上汽安吉物流通过建造自动化智能整车立体库，采用平面移动方式，以自动化搬运机器人为取车载体，配以出入口装置、自动转盘、提升机、横移小车等全自动操作，实现立体库全年每天 24 小时运转，进出车效率达到 400 辆/小时。同时，上汽安吉物流采用智能调度运输管理系统（TMS）为整车物流“智慧派单”，基于整车物流特殊的行业特点制定了 100 多个约束条件，并应用机器学习和人工智能方法得出最优解决方案。基于该系统，公司开发出大量数字化工具，使得司机接单、客户查询都可以在线操作，提升了整车物流运作管理的及时性和精细化。

日日顺供应链是物流行业首个大件物流“送装一体化”企业，一方面以人工智能、大数据等技术为抓手，锚定数字化转型战略航线，整合各类资源，形成集科技化、数字化、场景化于一身的服务能力；另一方面，紧跟家电、家居、汽车、消费品、冷链、新能源、跨境等行业发展趋势，深入链接生产、流通和服务各环节，为行业客户输出定制供应链管理解决方案，赋能其供应链高效运转。

在基础设施建设方面，日日顺供应链积极应用智能设备，并自主搭建数字化系统，实现了仓储、配送、末端服务等供应链各作业节点的流程标准化和信息化管理。其中，在仓储环节，日日顺供应链构建起以即墨仓、杭州仓、南昌仓等为代表的智能仓群，并打造了国内首个5G大件智慧物流园区，不断提升作业效率。在配送环节，日日顺供应链借助智能排程、智能调度、智能路由规划等数字化工具，为配送人员提供车辆匹配、路线规划等服务。

“十四五”规划提出构建基于5G的应用场景和产业生态，在智能交通、智慧物流等重点领域开展试点示范。伴随现代物流业的不断转型升级，未来有更多智慧化、绿色化、国际化的物流解决方案亟待探索。

▶▶相依相伴

物流与民生息息相关，是满足城乡居民生活需要，适应扩大内需、消费升级趋势的服务保障。例如，随着电子商务的发展，越来越多的人在线上购买商品。消费者下单之后，购买的商品会经过分拣、打包、发货、运输，再通过快递员配送到消费者手上。消费者可以在网上查询订单的物流信息，了解包裹运送过程中的实时位置。这里所说的物流，指的是快递物流。通常将快递物流、医药物流、外卖配送等物流形态统一称为民生物流。具体来说，民生物流是切实关系老百姓吃、穿、用、住、行等方方面面

的物流，侧重于食品、医药、生活物资等消费品物流。

随着我国人民对美好生活需求的日益增长，民生物流在扮演衔接产品供给和需求方面的作用越发重要。网络上有句形容网络购物发达的话：只有你想不到，没有你买不到。空调、冰箱、跑步机甚至床架、床垫等大件商品在网上都有售卖，但是下单之后东西怎么送到消费者手上呢？发快递—取快递？这些笨重的"大家伙"可不太方便自己搬回家。接下来，大家来看日日顺供应链是如何帮助商家和消费者完成这些大件商品交易的。

比起小件快递，日日顺供应链聚焦消费者个性化定制，专心于难度更高的大件物流服务。假设你远在异乡打拼，想通过网购智能电器为长辈送去孝心，会不会担心货物的收取和安装？欣慰的是，采用日日顺供应链服务，即使是偏远山区也能送货到家。日日顺供应链不仅送货上门，负责安装调试，而且可以帮助拆除旧家具进行回收。与此同时，日日顺供应链提供全方位防护、维修保养等服务，为消费者提供使用场景解决方案，使长辈们足不出户即可解决大件家具拆除、搬运出户、处理回收的所有后顾之忧，享受智能化和品质化的服务。从"送产品"到"送场景"，这种定制化的物流服务方案，为日日顺供应链的市场打开了新增量。

在日新月异的消费浪潮下，类似日日顺供应链这样的物流与供应链服务企业打破物流只能传递物品的固有观念，重新定义物流服务的底层逻辑，为客户提供全方位的服务体验。例如，安得智联通过数字化建设打造智能化配送服务平台，全程参与品牌商从生产到销售再到后期服务的全过程，帮助企业建立竞争优势。通过建立区域库存共享体系，安得智联运用数字化管理技术，帮助美的等家电品牌降低仓储成本。除了快递物流，医药物流、外卖配送等物流形态都因涉及的产品和服务对象不同，所以优化重心也不一样。例如，医药物流可能对运输车辆的平稳性、避光性等有较高要求；外卖配送则对时效性要求较高，需要后台系统优化配送路径。

可以预见的是，随着消费场景多元化、新消费趋势引领商业模式变革，未来民生物流的稳健发展需要专业的物流从业人员对相关活动进行调节、管理和优化，促进消费市场的繁荣。可以想象，如果能够基于物流优化对物流业进行颠覆式创新，对降低全社会物流成本、改善民生、增进人民福祉将有极大的促进作用。

▶▶品质保障

近年来，每到春节期间，智利车厘子便会成为市场中

的热门消费水果。然而，中国和智利相距近两万公里，一颗颗鲜美的车厘子为何能跨越重洋“飞入”中国寻常百姓家而仍可保持鲜味不减？同样的，无论消费者身处何地，阳澄湖肥美鲜活的大闸蟹、海南香甜的杧果、山东寿光的蔬菜都能够跨越山海被端上消费者的餐桌。其实，这些日常的背后均有冷链物流的有力支撑。

冷链物流主要是相较于常温物流而言的，指利用温控、保鲜等技术、工艺和冷库、冷藏车、冷藏箱等设施设备，确保冷链产品在初加工、储存、运输、流通加工、配送等全过程始终处于规定温度环境下的专业物流。国家对冷链物流发展高度重视，2021 年 12 月发布《“十四五”冷链物流发展规划》（下称《规划》），其中划定了“6＋1”种冷链物流保障的重点品类，包括肉类、水果、蔬菜、水产品、乳品、速冻食品等生鲜食品及疫苗等医药产品。这些产品对环境温度非常敏感，如果冷链物流中的任何环节出现问题，就会影响产品的质量，带来产品的损失和浪费。

具体来说，冷链物流需要控制产品流通过程中每一个物流环节的环境温度，这不仅是增加一些冷库和冷藏车这么简单，而是一个复杂的系统性问题，既需要各个物流节点设施设备到位，又需要各个节点之间精确且高效配合。以疫苗冷链物流为例，日常生活中可以观察到，人们在接种某些疫苗时，医生是从冰箱里拿出疫苗的。这是因为疫苗作为一种特殊的生物制品，具有对温度高敏感的生物特性。疫苗从生产、储存、运输、分发到使用的全过程中的每一个环节，都可能因为温度不符合规定要求而失效。

医药冷链物流被称为冷链物流金字塔的顶端，尤其是疫苗冷链门槛更高。如果冷链温度异常，疫苗的蛋白质极可能变性，导致疫苗效果急速下降以及大量疫苗报废。一方面，作为医药产品，疫苗运输温度的数据记录要求与食品生鲜行业有所区别。从发货方的冷库出库到收货人验收，均需要记录和跟踪疫苗的在途运输温度。若温度记录异常，往往意味着疫苗有很大的变质风险，收货方将有权根据法规要求拒收货物。另一方面，由于疫苗体积小、价值高、单车货值非常大，冷链物流任何环节的差错都可能对疫苗相关单位造成巨大损失。

研发可靠的硬件设施设备和软件系统，做到冷链物流温度的控制和过程的可追溯至关重要。这些硬件设施设备一般包括冷库、冷藏车、冷藏箱和保温箱等；软件系统包括监测产品运输过程的监测设备（如后台温度监控系统）以及信息识别、定位和处理系统等，如北斗卫生导航系统（BDS）、射频识别（RFID）、全球移

动通信系统（GSM）等对相关数据进行有效识别、准确传输和存储。

“十四五”期间，我国明确提出“建设现代物流体系，加快发展冷链物流，统筹物流枢纽设施、骨干线路、区域分拨中心和末端配送节点建设，完善国家物流枢纽、骨干冷链物流基地设施条件”。可见，在构建双循环的新发展格局中，冷链物流发展将成为重要发力点。《规划》中指出，展望2035年，我国全面建成现代冷链物流体系，设施网络、技术装备、服务质量达到世界先进水平，行业监管和治理能力基本实现现代化，有力支撑现代化经济体系建设，有效满足人民日益增长的美好生活需要。

冷链物流是促进消费的抓手，更是物流领域中的一块蓝海，具有很大的应用前景。除了疫苗，伴随着我国城乡居民收入水平不断提高，消费者对食品的多样性、营养性、口感需求亦大幅提升，加之生鲜电商市场快速崛起，共同助推冷链物流行业进入发展快车道，冷链物流的市场需求在未来将进一步增长。为适应冷链物流的发展需要，行业将加紧加快冷链物流软硬件研发和投入，完善冷链设施设备和产业配套规划，对冷链物流专业人才的需求将持续增加。

▶▶与时间赛跑

近年来，我国接连发生诸如洪涝灾害、地震、冰雹等突发性自然灾害以及流行病疫情，给人民的生命财产安全造成了重大影响。灾害和疫情发生后往往造成严重的生活物资生产中断和流通受阻，但是医用口罩、防护服、护目镜、医用酒精和消毒剂等重点物资的生产、采购、调配和供应对应对灾害和疫情至关重要。越早将应急物资送到疫区和灾区，越能拯救更多的生命，降低人民群众的生命财产损失。这时，爆发式增长的医疗和生活物资需求的满足就需要应急物流的保障。

应急物流，是指为应对严重自然灾害、公共卫生事件、公共安全事件等突发事件，紧急保障物资、人员、资金需求的一种特殊物流活动。应急物流的一个突出特点就是短时间内爆发出巨大业务量，大量救灾/防控急需物资、生活必需物资、重点生产物资等应急物资需要全国统一调配并及时快速送达。2003 年 SARS 疫情推动了我国应急管理体系的构建。近年来，国家高度重视应急物流体系建设，并颁布实施了一系列支持政策。

“十四五”规划明确提出要“加快建立储备充足、反应迅速、抗冲击能力强的应急物流体系”。2022 年 2 月，我

国出台《“十四五”国家应急体系规划》，到 2035 年“建立与基本实现现代化相适应的中国特色大国应急体系，全面实现依法应急、科学应急、智慧应急，形成共建共治共享的应急管理新格局”。2022 年 4 月，交通运输部会同国家发展改革委印发实施《国家区域性公路交通应急装备物资储备中心布局方案》，明确到 2025 年，储备中心实现高质量发展，形成更加统一、更高质量、更有效率、更加协同、更可持续的公路应急储备体系。

由于应急物流是特殊紧急事态下的物流活动，对物流设施设备、物流技术和方法的要求高。同时，应急物流体系的建设要素多，包括应急物资储备库、智能无人物流装备（如无人机、自动分拣设备）等应急物流基础设施，基于大数据、人工智能、5G 等新技术等构建的应急物流资源信息系统、应急物流预警系统、指挥调度平台、应急物流执行系统、监测评估系统等，提前为可能出现的紧急情况制订应急方案的应急物流预案体系。此外，由于应急物流政策性、时效性强，标准要求很高，组织协调复杂，容易出现紧缺物资分配不合理、特殊物资保存不当等问题，所以需要专业的应急物流管理人才对相关物流活动进行协调和优化。

▶▶全球互动

随着经济全球化趋势的加强，国家与国家之间的贸易需求不断增加。我国已连续多年稳居全球进出口贸易规模第一位，2023 年货物进出口总额达到 41.76 万亿元。《“十四五”现代物流发展规划》指出，要强化国际物流服务设施建设，完善通关等功能，加强国际、国内物流通道衔接。同时，鼓励大型物流企业开展境外港口、海外仓、分销网络建设合作和协同共享，完善全球物流服务网络。如今，我国国际航运、航空物流基本通达全球主要贸易合作伙伴，企业境外物流网络服务能力也在稳步提升。我国国际物流网络不断延展。

“世界玩具看中国，中国玩具看东莞。”2022 年卡塔尔世界杯吉祥物拉伊卜及其周边产品不少就来自中国东莞。另外，智利的车厘子、东南亚的榴梿也年年进口到国内销售和消费。它们的进出口贸易都需要国际物流提供有力支撑。首先，大家需要了解一个概念——国际贸易。按照货物移动的方向可以将国际贸易分为出口贸易、进口贸易和过境贸易。比如东莞玩具厂商要将生产的拉伊卜玩具直接海运到卡塔尔销售，就是出口贸易；从卡塔尔的角度看，就是进口贸易。如果我国生产的玩具要先经

过新加坡国境再到达卡塔尔，那么就与途经的新加坡形成过境贸易。过境国可以因此获得许多收入，如运费、保险费、装卸费、仓储保管费、佣金等。这个国际贸易过程产生了拉伊卜玩具从东莞运送到卡塔尔的实物流动和相应的资金流动。国际物流伴随着国际贸易的不断发展而持续扩大。

国际物流到底是什么呢？可以理解为国内物流跨越国界或关境在两个或两个以上的国家（地区）或全球范围内开展的物流活动，是国内物流的延伸和扩展。比如，越南的香蕉要想出口到中国市场销售，首先要经过越南香蕉供应商处理，通过水路、陆路等方式来到越南的海关。供应商需要向海关提供运送的香蕉产地、数量、目的地等信息，并按照规定缴纳出口关税，办理清关手续，这个过程叫作报关。如果产品合规，便可通过国际运输到达我国海关，经由我国海关检查确认没问题后，方可放行进入我国并通过国内物流交付到全国各地销售。现在越南香蕉通过海运送到我国内陆销售一般耗时不到半个月，然而在多年以前，我国内陆城市若是与西欧国家进行国际贸易，则需要 40 多天的海洋运输。所以，打造“畅通、高效、便捷”的国际物流大通道对内陆城市发展尤为重要。

二十大报告中指出，“实行更加积极主动的开放战略，共建‘一带一路’成为深受欢迎的国际公共产品和国际合作平台，我国成为 140 多个国家和地区的主要贸易伙伴，货物贸易总额居世界第一，吸引外资和对外投资居世界前列，形成更大范围、更宽领域、更深层次对外开放格局。”交通运输部印发《综合运输服务“十四五”发展规划》，将“构建安全畅通的国际物流供应链服务系统”作为主要任务之一。

近年来，我国“一带一路”合作范围不断扩大，内陆城市物流枢纽作用得到强化，国际市场在国际物流大通道的基础上得到了持续壮大。例如，招商局集团旗下中国外运服务于“一带一路”建设，已在东南亚地区实现了全覆盖，并在中亚、俄罗斯、中东、非洲、美国、日本、韩国、澳大利亚、新西兰、巴西、欧洲地区布局。“中老铁路”与“中欧班列”国际物流大通道的有效衔接，打通了“东南亚—昆明—成都—欧洲”的铁路亚欧大通道，使得国际物流时间相较传统海运可缩短 20 天。

国际物流为国际贸易的发展做出了突出贡献，当中也潜藏着巨大的发展机会。京津冀地区开通了“智利—天津车厘子快线”，以最优的接卸效率和通关流程保障智利车厘子在国内市场销售。跨境电商 SHEIN（希音），国内很多人可能很陌生。实际上，截至 2024 年 2 月，希音

已经连续七个月登上全球购物应用排行榜第 1 名。基于希音的跨境电商平台，越来越多的中国卖家通过国际物流将国内的产品销往全球。不过，国际物流渠道长、环节多，受到不同国家和地区之间具有差异性的法律法规、商业现状，甚至是风俗人文的限制，产品在国际流动存在“接轨”的困难。此外，不同国家和地区经济和科技发展水平不同，较低的科技水平可能抑制某些物流技术的应用，使得国际物流服务水平下降。所以，国际物流还有重重关卡要闯，当中蕴藏的无限潜力也有待挖掘。

什么是物流管理？

▶▶物流管理的"7R"目标

我国宏观物流管理目标旨在建成供需适配、内外联通、安全高效、智慧绿色的现代物流体系。具体包括：一是建立布局合理、技术先进、便捷高效、绿色环保、安全有序并具有国际竞争力的现代物流服务体系；二是建立政企分开、决策科学、权责对等、分工合理、执行顺畅、监督有力的物流综合管理体系；三是建立统一开放、竞争有序的全国物流服务市场，促进物流资源的规范、公平、有序和高效流动。

企业物流是物流体系中占比最高、运营与管理最复杂的组元，现代企业物流管理追求"7R"目标，即将合适

的产品或服务(Right Product or Service)，按照合适的状态与包装(Right Condition and Packaging)，以合适的数量(Right Quantity)和合适的成本费用(Right Cost)，在合适的时间(Right Time)送到合适客户(Right Customer)的合适地点(Right Place)(图 2)，以此最大化企业整体竞争力和盈利能力，并最小化物流总成本。

图 2 物流管理的“7R”目标

➡➡合适的产品或服务(Right Product or Service)

企业需要准确了解他们需要向目标客户交付什么类型的产品或服务，明确产品或服务的特点(汽车产品物流与化工产品物流、钢铁物流与服装物流的特点有较大的差异)，以设计合适的物流服务方案，满足客户需求，获得客户满意。

➡➡合适的状态与包装(Right Condition and Packaging)

所有交付客户的产品都必须符合既定的质量要求，

客户收到的产品应该处于良好状态，没有任何损坏或缺陷。同时，大多数产品的物流运作都需要事先设计好合适的包装方案（既要保护好标的物，又要尽可能控制包装成本）并加以实施，以保障产品完好无损地交付客户。

➡➡合适的数量（Right Quantity）

控制合适的产品数量不仅可以最大限度地满足客户需求，同时又能有力避免库存过多而导致成本的增加。在物流管理中，确定合适的数量就需要科学运用定量化的订货和库存管理策略，如报童模型、经济订货批量模型等。在企业确定合适数量的原材料或产成品后，大部分企业会选择与第三方物流公司合作，由第三方物流公司完成货物的运输与配送。

➡➡合适的成本费用（Right Cost）

对客户而言，物流服务不仅要达到其提出的质量要求，而且要尽可能控制物流服务成本。可见，科学的物流服务定价决策既要实现物流企业一定的盈利要求，又要满足客户较低的成本诉求，在二者之间找到均衡解。

➡➡合适的时间（Right Time）

时间管理是物流管理中的重要内容，客户服务评价

标准的一个重要指标就是产品交付时间。按时交付产品可以有效保证客户的满意度，以保持企业在市场中的声誉与竞争优势，而配送延误则可能会给客户带来不便，导致客户的不满。因此，物流服务商必须按照约定的时间将产品交付到客户手中。特别是，针对实施准时制（Just-in-time）生产的企业客户，物流服务商必须准时将原材料和零部件送达生产工位上。

➡➡合适的客户（Right Customer）

客户是物流运作的基石，物流服务商的客户主要是生产企业（如宝武钢铁、华为科技、国家电网、比亚迪汽车、海尔家电等）和流通企业（如华润集团、国药集团、京东集团、亚马逊公司、希音公司等），也包括最终消费者。选择并确定合适的目标客户，对物流服务商而言至关重要，不仅关系到能否有效满足客户需求，而且关系到自身能否获得足够利润以实现持续发展。

➡➡合适的地点（Right Place）

产品必须送达客户指定的地点。企业可以使用路径优化系统与定位跟踪系统，以便客户和供应商都可以在产品运输过程中同步监控产品，确保产品交付到客户要求的配送中心或仓库。对于制造企业客户而言，物流服务商应该按照规定的时间将客户需要的原材料或零部件配送到工厂车间。

“7R”适用于所有物流过程，包括从供应商选择以及原材料或零部件的订购，到供应商管理和产品运输与配送，再到产品销售与提供客户服务。

▶▶物流管理管什么？

物流管理范围涵盖物流战略管理、物流系统设计与运营管理和物流作业管理三个层次（图3）。

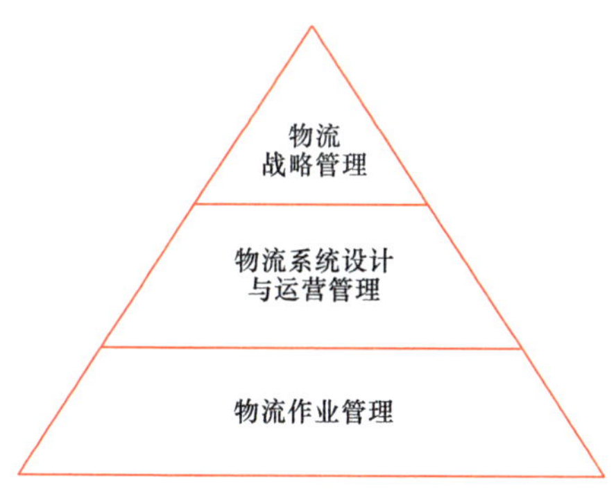

图3　物流管理范围

➡➡物流战略管理

对企业而言，物流战略与生产战略、营销战略和财

务战略处于同等地位，共同支持企业总体战略目标的实现。物流战略管理就是站在企业长远发展的立场上，就企业物流发展目标、物流在企业发展中的战略定位、物流服务模式、物流服务水平和物流服务内容等做出整体规划和决策。总体来说，物流战略管理目标即“降本增效提质”，不仅要有效降低企业物流成本，减少企业资本占用，而且要加快客户需求响应速度，提高客户满意度，进而增强企业差异化竞争优势，创造出新的价值。

➡➡物流系统设计与运营管理

为实现已制定的物流战略管理目标，企业需要设计物流运作系统以作为物流管理的手段与工具，一般包括以下三个方面：①物流系统与物流网络设计。为更加有效地进行物流活动，充分合理地实现物流系统的各项功能，使物流网络在一定条件下达到最优化，而对影响物流系统内外部各要素及其之间关系进行分析与权衡，确定物流系统与网络的规模和结构等。其中，需要大量运用管理科学与工程、系统工程、运筹学、计算机系统仿真等技术与方法。②物流运营模式。以物流系统与网络结构为载体，企业需要合理地确定产品在运输、仓储和配送等环节的运营方式，以节约物流成本，提升物流效率，提高物流服务水平。总体而言，企业需在自营物流、第三方物流和物流联盟等模式之间进行决策。③物流运作流程。为确保物流管理的日常运营，需要制定相应流程以规范物流运作，体现客户关系管理、物流资源配置、物流活动执行、信息管理和沟通、货物交付以及售后服务等方面。

➡➡物流作业管理

作为物流管理中的最低层次，物流作业管理大多由具体工作人员负责，影响力局限于当天或者某批次的产品。包括以下三个方面：①制订物流作业计划。现代物流企业通常利用科学合理的优化技术与方法，为物流业务制订精确的作业计划，必要时需要强调实现与上下游其他相关环节的协同计划，以实现整体的降本增效目标。②监控与指导物流作业现场。鉴于对物流作业计划实施的准确性要求，现代物流企业通常利用先进监控与可视化技术，结合人机协同方式对作业现场进行实时监控，必要时通过自动或人工方式对现场作业过程进行指导。③监控物流作业质量。量化并制定物流各环节的工作质量指标，严格把控物流工作各岗位的服务质量，保障上下游客户对于物流服务质量的需求。

▶▶物流管理怎么管？（物流管理优化技术与方法）

现代科学技术与物流之间有着十分密切的联系，许多先进技术被成功应用到物流管理之中，在很大程度上促进了现代物流管理的高质量发展。特别是近年来自动化、物联网、人工智能、大数据、云计算和运筹学等技术和方法在关键领域的突破，极大地促进了物流管理模式、技术、方法和工具的颠覆式革命，推动了物流管理的智慧化发展（图4）。智慧物流通过一系列智慧化技术手段和优化方法，实现物流全过程的智能化、自动化、精益化、动态化和可视化，提高物流系统智能决策和自动化作业能力，不仅大幅提升物流运营效率，而且有效减少物流成本。

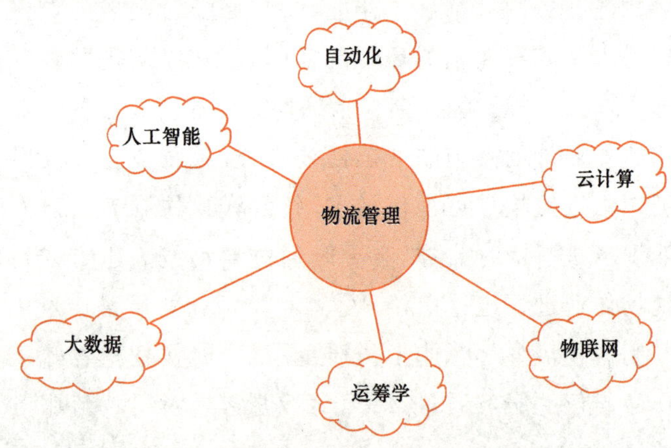

图4　物流管理优化技术与方法（例举）

➡➡自动化

现代物流管理的提质增效，离不开自动化技术和装备的研发与应用，如京东物流“天地狼三维移动机器人系统”，不仅颠覆了货物分拣模式（从“人到货”到“货到人”），实质性地提高物流运营效率，大幅减少了物流作业人员，而且大大加快了客户订单需求的响应速度，同时有效节约了物流运作成本。

自动识别技术是物流自动化的基础。企业通过特定的自动识别装置自动获取对象的相关信息，并提交给后台处理系统进行处理，帮助人们快速、准确地进行物流运作过程中海量数据的自动采集、处理和传输。目前，自动识别技术已经发展成为由条形码识别、射频识别、生物识别等相关信息技术采集的综合技术。其中，射频识别（Radio Frequency Identification，RFID）技术应用越来越普及，它既可以识别高速运动的物体，也可以同时识读多个对象。RFID是一项简单实用、易于操控的智能技术，可以在各种恶劣环境下自由工作，已广泛应用于物流领域，可有效提高物流系统的运作效率，降低物流企业总体运营成本，提高物流服务企业盈利能力和市场竞争力。

➡➡物联网

作为“万物相连的互联网”，物联网（Internet of Things，IOT）通过各类信息传感设备，按照约定的协议，根据需要实现物品互联互通的网络连接进行信息交换，以实现智能化识别、定位、跟踪、监控和管理。物联网在物流行业中的应用实质是整合物流信息化，逐步把信息技术的单点应用集成到系统中，整体推进物流系统的自动化、智能化、系统化、网络化和可视化发展，最终形成智慧物流系统。

物联网技术可全面应用于物流领域，以仓储和货物运输环节为例。①在仓储中应用物联网。组成能够提高货物基础效率的智能仓储管理系统，既可大幅提升存储效率，又能有力降低人力强度，减少人力成本，并可实时显示、监控货物的进出量，提高发货精度，完成收货入库、盘点和调拨、拣货出库及全系统数据查询、备份、统计、报表制作、报表管理等工作。②在货物运输中，应用物联网。通过物流车辆管理系统，实时监测车辆运营轨迹和货物状态，实现车辆和货物的实时定位跟踪，监控运输车辆的运行状况、胎温、胎压、燃油消耗、车速、制动次数等驾驶行为，提高运输可控性和安全性。

➡➡人工智能

一方面，物流是人工智能（Artificial Intelligence，AI）展示能力的舞台；另一方面，人工智能也是物流降本增效的良药。近年来，人工智能技术的快速发展及其在物流业中的应用有力推动了智慧物流发展，物流效率和效益显著提升。人工智能在物流中的应用方向大致可分为两种，一种是以 AI 技术赋能的如无人卡车、AMR、无人配送车、无人机、客服机器人等智能设备代替部分人工；另外一种是通过计算机视觉、机器学习、运筹优化等技术或算法驱动的如车队管理系统、仓储现场管理、设备调度系统、订单分配系统等软件系统提高物流效率。

➡➡大数据

物流业涉及面广，为生产、流通和消费提供全方位服务，海量物流运营数据持续产生，因而是大数据（Big Data）分析应用的天然市场。物流大数据平台应用场景广泛，基于大数据分析、云计算、运筹学等技术与方法应用的智能运输决策、智慧仓储管理、最后一公里配送智能决策与运作等核心应用场景为物流管理带来新的变革。

面对物流大数据，人们难以直接通过逻辑路径了解每个数据所代表的意义。作为极具价值的大数据资源，

要想让决策者能够快速汲取有效信息，还需要数据可视化进行加工和精准化，从而为决策提供良好的数据背书，提高决策效率和准确性。大数据可视化是对大型数据库中数据的可视化，它是可视化技术在非空间数据领域的应用，使人们不再局限于通过关系数据表来观察和分析数据信息，能够以更直观的方式看到数据及其结构关系，帮助物流决策者更加科学地发现和利用海量物流数据，更加充分地发挥物流信息的价值。

➡➡云计算

作为一种分布式计算，云计算(Cloud Computing)通过网络“云”将巨大的数据计算处理程序分解成无数个小程序，然后通过多个服务器组成的系统进行处理和分析。云计算的应用可以有效克服传统物流系统动态性差、响应迟缓、可传递性低以及系统维护和扩展成本高的不足。随着智慧物流不断发展，集成和共享大系统的物流信息资源，以“云”的方式来为各类用户提供按需使用的物流服务，已成为业界的共识。因此，云物流(Cloud Logistics)应运而生，即指基于云计算应用模式的物流平台服务。物流云计算服务平台面向各类物流企业、物流枢纽和物流中心以及各类大型制造企业和流通企业的物流部门等，提供完整的解决方案，依靠大规模的云计算处理能力、标准的作业流程、灵活的业务覆盖、精确的环节控制、智能的决策支持及深入的信息共享来满足物流业各环节所需要的信息化要求(图 5)。

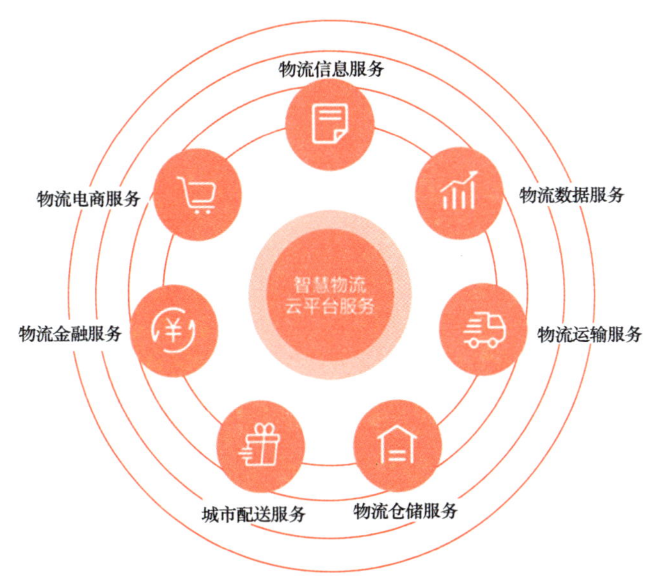

图 5　物流云计算服务平台功能架构

➡➡运筹学

作为应用数学和形式科学的跨领域分支，运筹学(Operations Research，OR)利用数学模型及其求解算法

为管理决策提供科学依据。运筹学经常用于解决现实中的复杂问题，特别是改善或优化现有系统的效率。在现代物流运营与管理领域，运筹学有着越来越广泛的应用（图6）。无论是运输管理、仓储管理还是配送管理，运用运筹学对实际运作进行建模和求解，可以有效优化物流决策，有力降低物流成本。

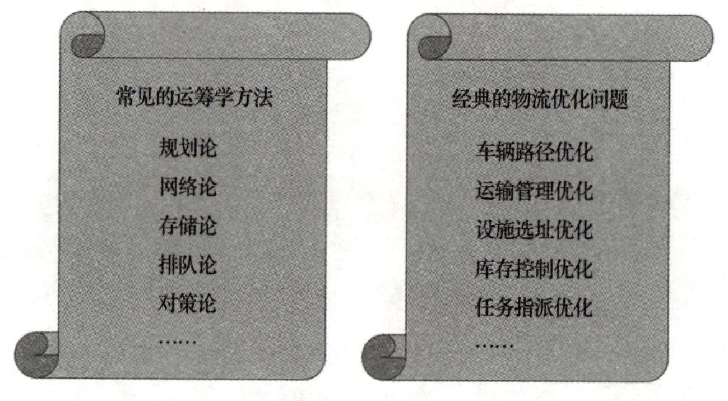

图6　常见的运筹学方法与经典的物流优化问题

以车辆路径问题（Vehicle Routing Problem，VRP）为例，它是指给定一组运输任务和一组运输车辆，决策用哪辆车以怎样的顺序处理哪种请求，使得运输车队能用最低成本执行完所有运输请求的一类组合优化问题。该问题的基本组成包括：运输请求及其执行方式、车队、相关成本和利润、路线的可行性。1959 年，运筹学大师 Dantzig 和 Ramser 以加油站运输汽油为背景案例，首次提出 VRP 的数学规划公式和求解方法。1964 年，Clarke 和 Wright 提出一种有效的贪心启发式算法来近似求解 VRP。在这两篇开创性论文之后，管理科学领域顶尖期刊 *Operations Research* 和交通运输领域顶尖期刊 *Transportation Science* 发表了大量研究不同 *VRP* 的论文，针对不同的 *VRP* 提出了数学模型和相应的精确、启发式算法，例如，*Operations Research* 于 2021 年第 2 期刊发了 "Robust data-driven vehicle routing with time windows"（《带时间窗的数据驱动的车辆路径问题鲁棒优化》）一文。至今，多个国际主流学术期刊都会留有固定篇幅刊登 VRP 的最新研究和应用成果。

▶▶从"双十一"看物流管理

我国是世界上最大的电商物流市场，"双十一"大促销期间产生的海量订单给物流企业带来了巨大压力。如今，"双十一"已经是各物流企业在每年必须要面临的一场大考，如果发挥不好，影响消费者购物体验的同时，也会影响企业自身的口碑与效益。因此，如何进行物流管理以度过"双十一"是一个重要问题。以日日顺供应链为

例，从“双十一”看物流管理的现代变革。

作为中国领先的供应链管理解决方案及场景物流服务提供商，2022 年“双十一”期间，日日顺供应链从赋能品牌商降本增效、提升用户体验两大维度出发，围绕数字化运营、全流程一体化服务等方面持续发力。日日顺供应链依靠供应链管理方案及智能科技的应用，全力助推商家们平稳运营，优化时效。

为帮助商家从容应对大促期间瞬时激增的订单积压，保障大件物流配送不延误，日日顺供应链分别从模式创新、技术创新等方面，协助商家物流提速的同时提高服务品质。

具体来看，在模式方面，日日顺供应链搭建起原材料数字化交付体系，锁定工厂生产需求，将分布在不同区域、提供不同类别原材料的供应商供货归类为“VMI 整合”（ VMI 是 Vendor-Managed Inventory 的缩写，即“供应商管理库存”，它是一种较广泛应用的供应链库存管理策略 ）、“统装统卸”两种模式，通过设立 VMI 仓改变了原本无序、分散的厂外物流状态，减少了供应链交货频次、交接次数，集中优化了管理运输、仓储、配送等资源。

在技术方面，日日顺供应链持续将自动化、人工智能、大数据等先进技术与物流管理系统相结合，通过提升仓储、运输、末端送装等环节的自动化及智能化作业能力，在“双十一”期间保障不同作业环节之间的高效衔接及协同。其中，在仓储端，日日顺供应链在全国打造了以胶州仓、佛山仓、即墨仓、南昌仓、杭州仓为代表的多个智能化仓库，应用全景智能扫描站、关节机器人、龙门拣选机器人多项定制智能设备，持续输出数智化集成解决方案，其中即墨仓可实现 24 小时不间断无人化“黑灯”作业；在运输端，日日顺供应链采用 TMS 在线可视化管理系统及智能化装备，提供干线、城配等不同场景的智能配送解决方案，提高整体配送效率，降低配送成本，在保障大件物流配送不延误的同时，可实现全品类的存储、拣选、发货无人化。

除此之外，日日顺供应链依托以数字化为驱动的供应链管理解决方案，借助万级存货单元（SKU）的仓储管理能力、仓储自动化和智能化等实力，赋能汽车品牌从入厂到轿运车，再到备件的全链条供应链管理能力。在其为比亚迪打造的动力电池运输方案中，日日顺供应链通过全国统仓统配的仓储实力，运用智能下单、全流程监控、智能调仓等物流技术，灵活调动车辆资源，实现配送

轨迹全程可查，在保证比亚迪生产基础上，助其降本提效。

如今，依托智能下单、全流程监控、智能调仓等物流技术和方法，日日顺供应链能够围绕仓库选址、布货补货、车辆运输、在途管理、专业客户服务响应等场景，实现各产业全链条、全方位的服务升级。

什么是物流工程？

在全球商品化时代，生产制造、商贸流通和消费等社会经济活动，都离不开物流。一件商品从生产企业到消费者手中，需要从供应地到接收地不断地流动和储存，整个过程中既有管理也有工程相关活动，这就需要专业人才进行计划、组织、协调、控制等。

▶▶物流工程与物流管理的和而不同

➡➡物流工程的含义

物流工程（Logistics Engineering），以物流系统为对象，研究物流系统的规划设计与资源优化配置、物流运作过程的计划与控制，以及经营管理的工程技术、方法、装备和工具及其集成。

物流工程主要研究物流系统的设计、运营与控制问题，涉及产品和服务采购、运输、仓储、配送和物流信息处理等整个过程。其核心是运用系统分析方法与工程设计手段来实现所要求的物流系统。

➡➡物流工程与物流管理的联系

物流工程主要是对物流系统的工程设计与优化；物流管理主要是对物流系统的战略规划和运营管理。物流工程与物流管理就像孪生兄弟，两者相互协同配合，通过硬件与软件的结合，对物流系统进行合理的规划和协同管理，最终实现低成本、高效益和高质量的共同目标。

在为物流系统服务的过程中，物流工程与物流管理有着相同的特点：一是以实现客户满意为第一目标；二是以企业物流运作整体最优为目的；三是以信息流串联优化为中心；四是重效率，更重效果。简言之：低价格、高效率、优质服务是两者的共同目标。在实现这些目标的过程中，物流管理扮演着“物流控制的关键”角色，物流工程发挥着“物流难题的优化解决”作用，两者相得益彰，谁也离不开谁。

➡➡物流工程与物流管理的区别

大家看到那么专业的名词解释，是不是觉得物流工程和物流管理很相似？这两者都是研究物流活动，围绕物流系统展开的，两者有区别吗？其实，这两者差异不小。

❖❖研究对象

物流工程主要从工程和技术角度出发，对物品的流动进行设计、改造和优化，配置物流系统的硬件和相应的软件。物流管理主要研究物品生产、流通、消费等环节的运行规律，更强调用管理的技术、方法和手段，对物品流通过程进行更为科学的控制。物流管理侧重于管理，通过计划、组织、协调和控制来提升物流效率；物流工程侧重于应用技术，从工程技术的角度，通过设计和优化来提升物流效率。举个例子，海尔集团生产出来的冰箱、洗衣机等家电产品，需要通过全国各地的仓库进行短暂储存。那么，就需要采用物流工程的方法，基于仓库储存和货物配送路线最合理的目标，对各个仓库进行设计和选择；同时，还需要采用物流管理的方法，对储存的物品进行科学计划和组织，如采用先进先出原则对库内物品进行储存管理，并对家电运输过程中的各个环节进行计划和控制。

❖❖专业方向

物流工程侧重对整个物流过程的硬件（物流装备和设施）设计；而物流管理则侧重于科学计划和优化决策方

面，更强调对物流活动的全流程组织和控制。拿建造房子作为比喻，物流工程就像实际操作的工程师，物流管理则是协调指挥的监督员。物流工程属于工程与技术类型，偏向于工科，大多本科毕业后授予工学学士学位，部分大学也授予管理学学士学位。例如，在物流工程项目建设过程中，考虑项目的经济性指标，结合技术手段，对物流系统进行设计、制造、安装、调试。而物流管理属于管理学大类，大学毕业后授予管理学学士学位。它主要学习物流管理理论和方法，如在社会再生产过程中，根据物品的实体流动规律，应用管理的基本原理和科学方法，对物流活动进行计划、组织、协调、控制和监督。

✣✣培养目标

物流工程注重培养具有系统的管理学、工学等基础理论，掌握物流工程项目策划、预测、设计和实施、物流装备设计与运用以及物流系统运作与管理等基础知识和基本技能，能在企业、科研院所及政府部门从事物流系统设计和运营，以及在物流工程领域从事教学和科研等工作的复合型、应用型人才。物流管理注重培养具有物流系统科学规划与设计、物流网络优化、物流系统运营管理等能力，能在政府管理部门、生产企业、流通企业、物流企业从事政策制定和物流决策与运营管理等工作的应用型、复合型、国际化专业人才。

就业方向

物流工程人才主要从事物流系统分析、规划设计、运作管理等，行业选择很宽，比如经济管理部门、航空运输、港口设计与调度运营、铁路运输、仓储系统设计与管理、互联网物流、电子商务行业等，工作种类较为常见的有物流系统规划师、物流仿真模拟分析员、仓储系统设计师、物流大数据分析师、物流信息系统设计师等。物流管理人才主要从事物流决策、系统策划、网络优化和物流信息管理等，可以在物流企业、生产企业、流通企业、交通运输企业等就业，工作种类比较常见的有供应链物流方案设计师、智慧物流工程师、物流网络优化员、企业物流经理、物流企业总监等。

揭开物流工程的面纱（物流工程的内容和特点）

物流工程的内容

物流工程的研究对象很多，包括但不局限于以下四个方面：①企业生产中的物流系统；②运输及仓储业的物流活动；③社会物资的流通调配系统；④社区、城市、区域的物流系统。任何一个系统（生产、服务、管理等）都有物流活动，均可视为一个物流系统。物流工程的研究对象就是物流系统，解决物流系统设计和运行过程中的主要问题。物流工程的研究内容包括以下五个方面：

✣✣设施规划与设计

根据物流系统应完成的功能（提供产品或服务），对系统各项设施（如物流中心、配送中心、前置仓、海外仓等）、人员、投资等进行规划和设计，例如，物流设施空间布局、资源利用、设备选用等都体现在设施设计中。设施设计对物流系统能否取得预想的经济效益和社会效益起着决定性作用。

✣✣物料搬运系统设计

对物料搬运的设备、路线、运量、搬运方法及储存场地等做出合理安排，包括但不限于：①搬运（运输）与储存的控制与管理；②搬运（运输）设备、容器、包装的设计与管理。物料搬运系统设计是对物料流动过程的设计，使物流系统以较快捷的速度、较低的成本、较完整的流动过程，实现规划设计中提出的效益目标。

✣✣仓储技术

通过在整个物流系统建立各种仓储设施和相应的搬运设备与集装器具，构建各类仓库服务物流系统。其中，最能代表现代物流技术且综合性较强的技术是自动化立体仓库系统。仓储技术在物流系统中起着至关重要的作用。企业通过高效合理地利用仓储技术，能够降低运输成本，提升运输效率，保障生产的顺利进行，实现对资源的有效利用。

✣✣物流仿真技术

计算机仿真技术在物流工程中的应用主要体现为通过计算机将物流系统的运行情况在实际运作前模拟出来，提前对系统预测和改进提供重要的参考。运用物流仿真技术能够有效解决物流系统复杂性的问题，找到物流系统运行的问题，改变参数或优化方案，提前做出调整；同时，也可以提前测试新系统的可行性，大大缩短先进物流系统的研发周期，降低试错成本。

✣✣物流系统管理技术

通过对物流系统各要素的综合考虑，加强运作和管理，提高物流服务质量和服务水平，建立先进的物流管理体系，以管理科学的思想和方法来实现物流系统的高效运作。物流系统管理技术的应用能够有效解决生产中的管理难题，提高服务质量并降低成本。目前，新兴的管理方法，如企业资源计划（图 7）等已经在物流系统中得到广泛的应用。

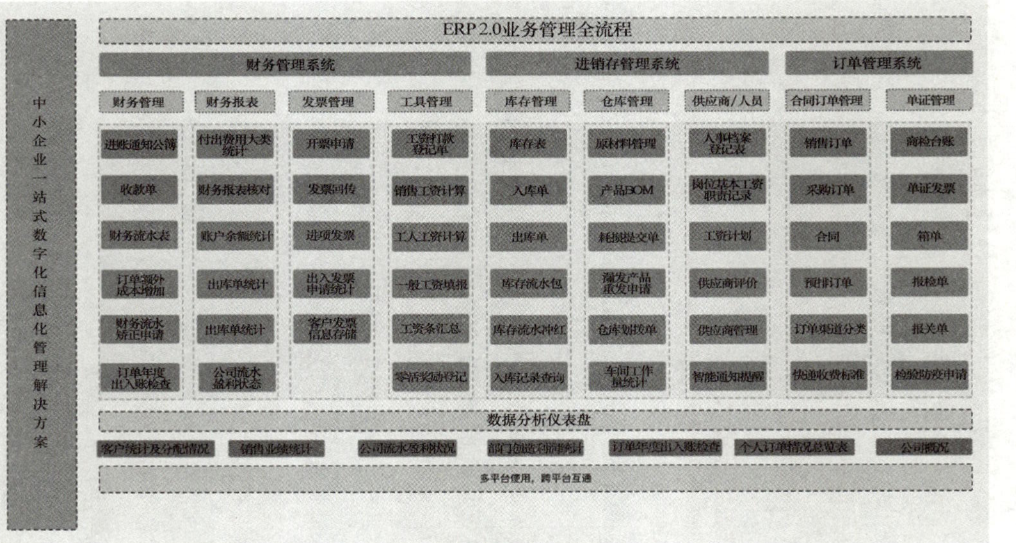

ERP 2.0业务管理全流程
中小企业一站式数字化信息化管理解决方案
财务管理系统
进销存管理系统
订单管理系统
财务管理
财务报表
发票管理
工具管理
库存管理
仓库管理
供应商/人员
合同订单管理
单证管理
收款单
财务流水表
订单额外成本增加
财务流水矫正申请
订单年度出入账检查
付出费用大类统计
财务报表核对
账户余额统计
出库单统计
公司流水盈利状态
开票申请
发票回传
进项发票
出入发票申请统计
客户发票信息存储
工资打款登记单
销售工资计算
工人工资计算
一般工资填报
工资条汇总
零活奖励登记
库存表
入库单
出库单
库存流水包
库存流水冲红
入库记录查询
原材料管理
产品BOM
耗损提交单
滞发产品重发申请
仓库划拨单
车间工作量统计
人事档案登记表
岗位基本工资职责记录
工资计划
供应商评价
供应商管理
智能通知提醒
销售订单
采购订单
合同
预排订单
订单渠道分类
快递收费标准
商检台账
单证发票
箱单
报检单
报关单
检验防疫申请
数据分析仪表盘
客户统计及分配情况
销售业绩统计
公司流水盈利状况
订单年度出入账检查
个人订单情况总览表
公司概况
多平台使用，跨平台互通

图7 企业资源计划

➡➡物流工程的特点

物流工程体现了自然科学和社会科学相互交叉学科的许多特征，包括全局性（系统性、整体性）、关联性、最优性、综合性、实践性。具体表现为：

(1)物流工程是以多学科综合为理论基础的。

(2)物流工程研究对象一般是多目标决策的、复杂的动态系统。

(3)物流工程作为一门交叉学科，它和自动化与人工智能、机械科学与工程、计算机科学与工程等学科有着密切的联系。

物流工程立足于技术和工程角度，具有工程特性和项目特征，需要应用工程技术方法来解决实际问题。物流工程以现代物流工程技术人才为需求，参考现代物流柔性化、一体化和智能化的特征，需要数学、物理、运筹学、信息工程、自动化等知识支撑，注重知识、能力与思维的全面发展，专注于培育懂管理、会操作、能创新的复合型物流工程人才。

▶▶物流工程解决方案（物流工程的主要作用）

物流活动是包括原材料在内的物质资料的物理性移动，是从供应者到使用者的运输、包装、储存、装卸搬运、流通加工、配送及信息传递的过程。一般来说，物流活动本身并不创造产品价值，只创造附加价值。这样一讲，物流是不是多余了呢？答案无疑是否定的。为什么？因为任何产品都不可能生产出来，不经过装卸搬运、包装、运输、储存就立即消费。所以说，物流是一个不可省略或者说不可跨越的过程，而且伴随着这个过程的发生会产生费用、时间、距离以及人力、资源、能源、环境等一系列问题。大家需要客观地认识这些问题，正确地对待、科学地解决好这些问题。一般来说，物流工程的主要作用表现在以下三个方面：

➡➡保值

物流有保值作用，即保护产品的存在价值，使该产品在到达消费者时使用价值不变。这是物流工程的重要作用之一。也就是说，任何产品从生产出来到最终消费，都必须经过一段时间、一段距离，其中都要经过运输、保管、包装、装卸搬运等多环节、多次数的物流活动。在这个过程中，产品可能会受潮、淋雨、水浸、生锈、破损、丢失等。

物流工程的使命就是防止上述现象的发生，保证产品从生产者到消费者移动过程中的质量和数量，实现产品的保值。

➡➡节约资源

搞好物流工程，能够节约自然资源、人力资源和能源，从而降低社会费用。比如，集装箱化运输可以简化商品包装，节省大量包装用纸和木材；机械化装卸作业和自动化仓库保管，能节省大量作业人员和提高运作效率。举例来说，被称为“中国物流管理觉醒第一人”的海尔集团，持续加强物流工程建设，建设了现代化的国际自动化物流中心，一年时间将库存占压资金和采购资金，从15亿元降低到7亿元，节省了8亿元开支。

➡➡缩短距离

物流可以缩小时间间隔、空间距离和人的间隔，这也是物流工程的实质。而且，随着物流现代化的不断推进，国际运输能力大大加强，极大地促进了国际贸易，使人们逐渐感到这个地球变小了，各大洲的距离更近了。现代物流在缩短距离方面的例证不胜枚举。在家可以买到世界各国的新鲜水果，新疆的哈密瓜、宁夏的白兰瓜、东北大米、祁门红茶等都不分季节地供应到市场中；中国的纺

织品、玩具、日用品等近年大量进入美国市场；邮政部门改善了物流，大大缩短了信函的时间距离，我国信函两天内就可到达美国的联邦快递公司，并做到隔天送达亚洲15个国家；京东物流可以做到同城上午10点前订货，当天送到客户手中。这种物流速度，把人们之间的空间距离和时间距离一下子拉得很近。这都离不开国际物流业发达、国际运费降低等物流的快速进步①。

▶▶海康威视为得力文具提供智慧物流解决方案（物流工程的应用案例）

得力是国内最大的综合文具公司之一。为优化生产线，改进生产流程，提升生产效率，得力启动“智能工厂”项目，优化产线面积达6 000平方米，涵盖160余台注塑机。

海康威视机器人公司（简称海康威视）是国内智能工厂物流解决方案的头部企业，专注机器人核心技术，聚焦仓储、搬运、分拣等应用，为客户提供领先的智能移动机器人产品及系统，构建服务于工厂的智慧物流解决方案。海康威视的智能移动机器人系统由（仓储、搬运、分拣）机器人、机器人调度系统、智能（仓储、搬运、分拣）管理系统

① 英脉物流. 物流的作用有哪些，物流作用大揭秘[EB/OL]. 知乎，2021-10-28

三部分组成。其中，智能仓储机器人系统包含仓储机器人、机器人调度系统（RCS）和智能仓储管理系统（iWMS）。

项目一期，得力投入使用30台海康威视智能搬运机器人，实现半成品物料标准箱接驳，完成物料的智能化出入库，并配合机械臂实现了无人生产。为进一步提升自动化水平，在项目二期又投入30台海康威视智能仓储机器人，配合自动输送线和机械臂实现全自动智能化无人仓储，完成“制造”到“智造”的转型升级。

海康威视搬运机器人的双层滚筒设计可实现同步进出货，有条不紊地取放半成品箱或物料空箱，物料存储无人化、智能化，保证了得力文具生产过程的连续性；通过海康威视智能移动机器人，打通得力文具注塑车间、半成品库存以及组装车间之间的物流，形成一个流生产方式。

海康威视智能仓储机器人对接料箱抓取机械臂，实现满箱和空箱的自动入库、出库等作业，连续吞吐量可达400箱/时，大幅提高物料的仓储作业效率，实现全程自动化仓储。海康威视智能仓储管理系统iWMS与得力SAP系统对接，保证了物料仓储信息的实时性和准确性，提

高了仓储物料的周转率。海康威视移动机器人采用“二维码+惯性双导航系统”方式进行作业。若产线调整，仅需通过调度系统更改产线“地图”，并在地面相应区域铺设二维码，机器人即可立即投入工作。根据生产需求淡旺季，调度系统可灵活调整上线的机器人数量，从而实现柔性化生产。

大学中的物流管理与工程

▶▶专业设置与课程体系

➡➡物流管理与工程类的专业设置

物流管理与工程类作为独立的专业类，隶属于13个学科门类中的管理学学科，主要研究物流领域的科学技术方法、管理决策和运营管理，其内容涉及物流活动的所有环节，如运输、储存、配送、包装、装卸、搬运、流通加工、信息处理及相关增值服务。

·小贴士· 本科专业目录分为学科门类、专业类、专业三个层次。学科门类有哲学、经济学、理学、工学、管理学等13个。2011年9月27日，物流管理与工程类正式确定为管理学学科门类下专业类，与管理科学与工程

类、工商管理类等都属于一级本科专业类，由此可见国家对物流管理与工程类专业发展的重视。

物流管理与工程类专业融合管理学、经济学、工学等多个学科，形成了物流管理、物流工程、采购管理、供应链管理等专业知识体系，由此也构成了物流管理与工程一级本科专业类的四个下设专业——物流管理、物流工程、采购管理、供应链管理：

物流管理专业——主要依托管理学、经济学、信息技术、现代物流管理等方面的基本知识，培养出适合于生产企业、贸易公司、物流企业、科研院所、政府机构经济管理等部门，从事政策制定、物流规划与设计、物流运作管理的复合型应用人才。

物流工程专业——主要依托管理学、物流学、运筹学、交通运输组织学等方面的基本知识，培养出适合于生产企业、物流企业、交通运输企业、科研院所、政府机构等部门，从事物流系统规划与设计、物流技术设备和物流自动化系统的设计与集成、物流系统运行与维护的复合应用型工程技术与管理人才。

采购管理专业——主要依托管理学、经济学、工商管理、采购管理、供应链管理等方面的基本知识，培养出适合于各类企事业单位或政府的采购管理、行政管理等部门，从事采购与供应链管理、库存管理、报价与谈判的复合型专业人才。

供应链管理专业——融合了管理学、经济学、工学等多学科知识、理论与方法，在物流管理、采购管理、电子商务、市场营销、金融管理、信息网络等多个专业基础上，运用物联网、大数据、云计算、人工智能等前沿技术发展起来的新兴管理专业，致力于培养适合于各类企事业单位或政府部门能够解决经济社会系统中供应链管理理论和实践问题的复合型、创新型专门人才。

在本科阶段，四个专业的基本修学年限为 4 年，其中物流管理、采购管理和供应链管理专业毕业授予管理学学位，物流工程专业毕业授予管理学或工学学位。在我国众多高校中，共有 524 所大学开设物流管理专业，如华中科技大学、东南大学、大连理工大学、西南交通大学、上海海事大学等；141 所大学开设有物流工程专业，如天津大学、西南交通大学、武汉理工大学、北京交通大学、北京科技大学等；6 所大学开设有采购管理专业，如北京物资学院、河北地质大学、南昌工学院等；74 所大学开设有供应链管理专业，如山东大学、重庆大学、中央财经大学、大连海事大学、上海海事大学等。

➡➡物流管理与工程类的课程体系

大学课程与高中课程差异很大。高中时期的课程，除了语文、数学、英语外，还需要学习多个领域的课程如“历史类”的政治、历史、地理，“物理类”的物理、化学、生物等。而在大学，课程设置侧重于培养专业领域的人才，就像是建筑高楼。首先是选址——也就是选择专业领域，通过学习通识教育课程和基础知识课程打好地基，在此基础上学习专业课程、实践课程以及创新创业课程，建造出独具风格的万丈高楼。

参考《国家中长期教育改革和发展规划纲要(2010—2020 年)》《关于全面提高高等教育质量的若干意见要求》《物流管理与工程类专业教学质量国家标准》等多项国家文件，以下将简要介绍物流管理与工程类专业的课程体系，主要包括理论教学课程、实践教学课程和创新创业教育专门课程等三个方面。

✣✣理论教学课程

①通识教育课程和基础知识课程。“万丈高楼平地起”，通识教育课程和基础知识课程是万丈高楼的地基，只有基础打牢固，才能建起万丈高楼，因此这些课程是每一个大学生的必修课程。主要包括思想政治理论、外语、

计算机与信息技术、基础数理课程（如高等数学、线性代数、概率论与数理统计），以及按照人文社会科学、自然科学等模块设置的基础课程。②专业理论课程。在当今的信息化时代，物流一头连着生产，一头连着消费，俨然已经成为影响企业运营和社会发展的重要环节，是节约原材料和提高劳动生产率之外企业建立竞争优势的“第三利润源泉”。所以，在专业理论课程中，以供应链管理理论与方法、物流系统优化理论与运营管理方法、物流工程技术与装备的开发与应用、采购管理理论与方法等作为核心知识体系，主要学习物流运作优化、物流系统仿真、物流信息系统、数智化仓储管理、智能运输与调度管理等课程。具体来说，“物流运作优化”学习物流运营管理的基础知识、物流运作方案设计和作业流程设计等技术与方法，帮助学生提高分析和优化物流运营管理问题的能力；“物流系统仿真”针对现代物流决策与运营中的离散事件，学习系统仿真的基础理论方法与软件运用，使学生掌握物流系统仿真的基本理论和方法及在现代物流管理与工程中的应用；“物流信息系统”一般是在经济社会发展大环境和技术趋势变化带来的需求变迁背景下，结合典型信息系统开发过程，学习物流管理信息系统如何设计和怎样应用的问题，使学生建立起正确的物流领域

"IT"观；"数智化仓储管理"和"智能运输与调度管理"这两门课程主要以物流的主要环节仓储和运输为对象，让学生掌握仓储管理和运输管理相关的基本概念，并能够运用现代物流理论、运筹优化、人工智能、模拟仿真以及信息化等技术与方法，提出现代仓储管理和运输管理问题的优化解决方案。

❖❖实践教学课程

实践教学课程一般包括模拟训练课程、专业实践课程。①模拟训练课程。为了加深物流管理与工程类专业的学生对专业知识的了解，激发学生对专业课程的学习热情，高校会在理论课程中设置一些模拟训练环节（如模拟实验、课程设计以及综合训练等），以较为形象有趣的方式解释在理论教学中较为抽象的内容，如物流设施规划与布局分析课程设计、物流系统仿真课程设计、企业运营模拟训练、三维互动虚拟物流操作实验等课程。②专业实践课程。为了使学生毕业后更快地融入社会大环境成为专业性人才，各高校会设置一些专业实践课程，如认识实习、社会实践、企业实习、毕业论文或毕业设计等。通过让学生参加一些实践活动，接轨社会，提高学生的理论运用实践能力，并加深学生对物流管理与工程类专业的认同感，有助于物流管理与工程类专业的学生毕业后成为真正有用于社会的专业人才。

创新创业教育专门课程

各高校会开设如创造学、创业基础、创新创业实践案例等创新创业类基础课程，也会结合物流管理与工程类专业特色开设如国内外物流行业发展现状与趋势、物流业就业创业指导等方面的必修和选修课程。此外，各高校也会共享在线开放创新创业课程，采用第三方机构开发提供的创新创业类教学资源，鼓励学生参加全国大学生创新创业大赛等创新创业类竞赛等，开展物流管理与工程类的创新创业教育教学课程。

学完物流管理与工程，你能做什么？

物流管理与工程类专业就业前景

物流业已被普遍认为是 21 世纪的朝阳产业。由于物流管理与工程类专业人才紧缺，国家把对物流专业人才的教育和培训放在了非常重要的位置，教育部、人力资源和社会保障部表示，要在加强学历教育、规范和建立物流职业认证体系方面采取相应措施，加大人才培养力度。

·小贴士· 2019年3月，国家发展和改革委员会、交通运输部等24个部门联合发布《关于推动物流高质量发展促进形成强大国内市场的意见》（简称《意见》），旨在巩固物流降本增效成果，增强物流企业活力，提升行业效率效益水平，畅通物流全链条运行，加快推动提升区域经济和国民经济综合竞争力。

随着大数据、人工智能等信息技术的应用，物流业已经从肩扛手提的传统模式进入了科技驱动的新物流时代。现代物流业发展迅猛，体系庞大。我国物流业起步较晚，但发展速度快。目前，中国物流业市场规模居全球第一，美国居全球第二，预计未来几年，全球物流业仍将快速发展。根据中国物流与采购联合会数据，智慧物流市场规模到2025年将超过万亿元①。现代物流业属于基础性、战略性、先导性产业，专业素养高的就业前景普遍被看好。

✣✣物流人才渗透各行各业

由于现代物流业融合了仓储业、道路运输业和信息业等多个产业，涉及的部门广，创造的就业岗位多。从生产制造业到电商零售业，再到第三方物流服务业乃至各

①中物联. 德勤：2025年智慧物流市场规模将超万亿[EB/OL]. (2018-01-10)[2022-12-01].

行各业，均涉及物流活动。当前，新能源、互联网/电子商务、汽车及零配件、电子技术/半导体/集成电路、交通/运输/物流、房地产、采矿业、建筑业等各个行业，均需要物流管理与工程类专业的人才参与社会物流、生产物流和绿色物流方面的工程策划、仓储、配送、装卸等工程技术设计、装备选型与开发应用、管理和营运等工作。根据以往物流管理与工程类专业毕业生的就业现状可以发现，从汽车制造、电子科技、电子商务、第三方物流、物流园区，到计算机、钢铁冶金、家电生产、工程机械，再到交通运输、航空航运及航务部门，还有科研院所、规划设计院、大专院校等单位均有物流人才的身影。由此可见，物流管理与工程类专业毕业生就业岗位十分广泛，现代物流业显示出巨大发展潜力与广阔就业前景。

物流业大有前景

随着物流业从传统劳动力密集行业转向高科技行业，高素质物流人才备受追捧，其薪酬也不断增长。根据罗戈研究 2022 年发布的《2022 年物流行业薪酬报告》可以了解到物流业当前的薪酬水平及变化趋势。2022 年一线员工年薪 13 万元左右，而总监及以上级别的从业者则人均 45 万元，物流业从业者不同岗位级别的薪酬呈现较大的落差。图 8 显示年龄对应的平均薪酬，可见薪酬与

年龄基本呈正相关。相较于互联网行业广为人知的“35岁危机”，物流业在这一角度具有突出优势，工作年限越久，平均年薪越高，具有更高的稳定性。

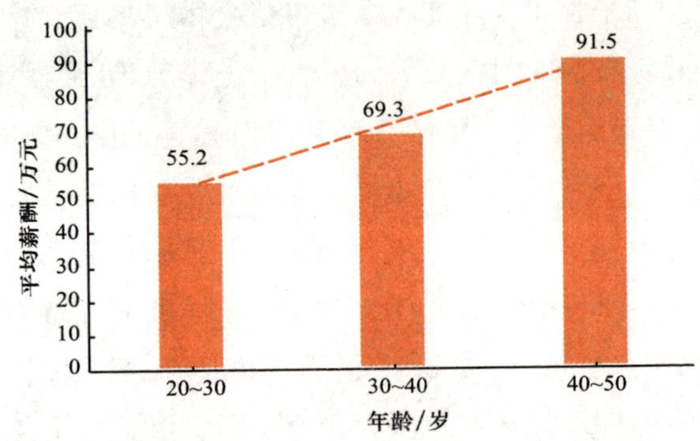

图 8　年龄对应的平均薪酬

图 9 为各区域平均薪酬及 2019—2020 年薪酬涨幅。从地区上看，华北地区持续保持平均年薪最高，东北最低，而西北涨幅最高，沿海一线省市的平均年薪相对较高(上海、北京、浙江、广东等)，部分二、三线等城市平均年薪增速更高(山西、宁夏、辽宁等)，12 个省/直辖市涨幅在平均水平(29%)之上，可见全国各个区域的物流行业薪酬均保持增长的趋势。从 2010 年起，物流行业整体涨薪就高于行业平均水平。这样的势头从 2013 年开始趋缓，但仍呈现逐年增长态势。

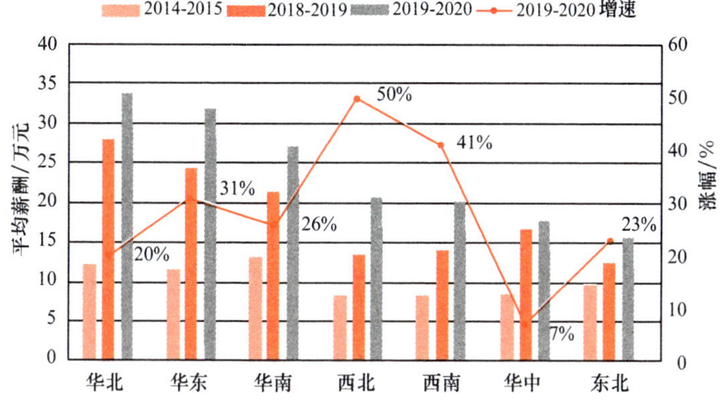

图 9　各区域平均薪酬及 2019—2020 年薪酬涨幅

➡➡物流管理与工程类专业就业方向

物流管理与工程类专业包括物流管理、物流工程、采购管理和供应链管理四个专业。物流管理专业毕业生可进入制造、商贸、物流企业从事采购与供应管理、生产物流管理、供应链物流管理工作。物流工程专业毕业生多在物流、制造、商贸等企业从事物流系统分析设计、物流系统运营管理、物流项目规划建设等相关技术或管理工作。采购管理专业毕业生多在各类企业、政府采购管理部门以及行业管理部门从事相应的采购决策和供应管理等工作。供应链管理专业毕业生可在企事业单位和政府

管理部门从事供应链战略管理、供应链网络规划设计、供应链系统设计和优化、供应链管理服务等工作。

物流管理与工程类专业毕业生具有多个就业选择方向。首先是物流企业，如中国远洋海运集团有限公司、中国物流集团、中国外运股份有限公司、中铁快运股份有限公司、日日顺供应链等，可以从事物流系统规划与设计、物流信息管理、物流运作管理等工作；其次是各行业大型企业的物流部门，涉及各个行业如制造业、采矿业、建筑业、房地产业、电商零售业等，担任采购供应、库存控制、供应链管理等职位；再次是行业咨询公司，从事整合物流资源，提供物流规划及供应链管理解决方案工作，相当于行业咨询师；另外，也可以选择信息技术公司，在智慧物流、智慧供应链领域内施展拳脚，从事供应链优化方案设计、智能物流装备与智慧物流设施系统研发、智能物流技术创新等工作。最后，还可以选择事业单位，如各级物流行政管理部门、交通运输企事业单位（公路、铁路、航空、水运）、科研院所或大专院校等。具有博士学位的学生还可以到各类科研机构、高校从事科研和教学工作。根据物流相关工作的三个梯度：基层操作人员、中层职业人员、高级职业人员，物流管理与工程类专业毕业生可从事工作如图10所示。

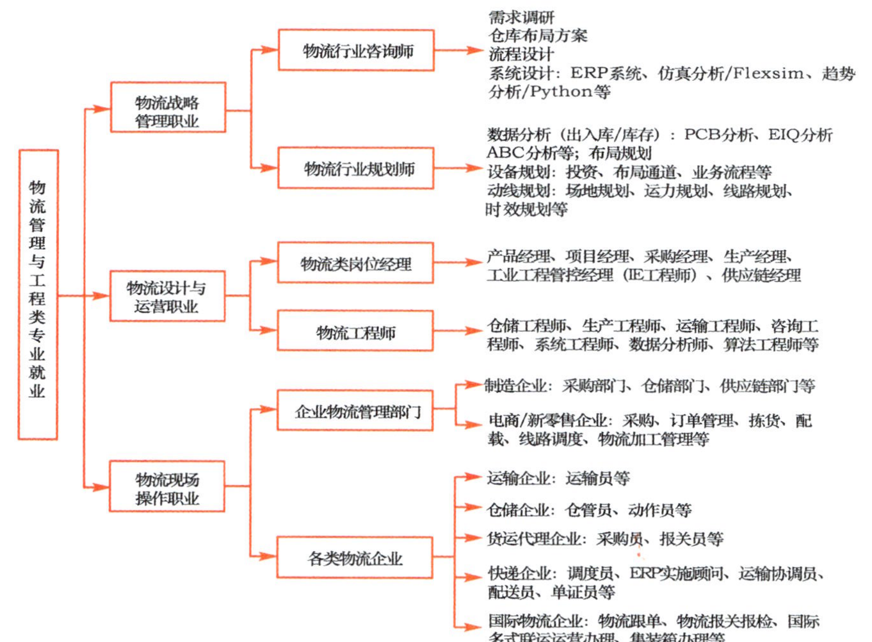

图10 物流管理与工程类专业毕业生

就行业来说，物流管理与工程专业毕业生主要在新能源、互联网/电子商务、汽车及零配件、电子技术/半导体/集成电路、交通/运输/物流等行业工作。具体来说：

(1)物流业类：物流网络管理工作，例如中国远洋海运集团有限公司、中铁物资集团有限公司、中国石油天然气运输公司、中铁快运股份有限公司等。

(2)交通运输类：航空、水运、公路、铁路等企事业单位。

(3)制造业类：汽车企业(上汽集团、比亚迪等)、高科技(华为科技、华星光电等)。

(4)电商企业类：智慧物流、供应链网络管理类工作，例如京东集团、阿里巴巴、亚马逊等。

(5)咨询服务类：战略供应链管理服务、供应链规划咨询类工作，例如贝恩、科尔尼、百斯特等。

(6)快销零售类：供应链管理工作，例如蓝月亮、宝洁、农夫山泉、欧莱雅等。

(7)互联网数据类：数据分析、物流系统规划类工作，例如百度地图规划等。

(8)金融业:投资类、供应链金融类工作,例如中国人民银行、中国工商银行等。

(9)政府管理部门:国家发展和改革委员会、商务部、交通运输部、工业和信息化部等。

(10)高等院校、科研单位:各大高校、物流研究机构等。

综上可知,物流管理与工程类专业的毕业生需要思考的不是能否找到工作,而是怎样在令人眼花缭乱的工作中做出正确的选择。

▶▶物流管理与工程专业,哪家强?

物流管理与工程类专业具有巨大的发展潜力和广阔的就业前景,但哪些大学物流管理与工程类专业的办学实力强,最具核心竞争力呢?各种排名很多,这里给出2019—2021年教育部建设的111个国家级物流管理与工程类一流专业建设点,按照教育部部属院校以及地方院校进行划分(表2),可以为“物流管理与工程类”专业选择提供权威参考。

表 2　国家级物流管理与工程类一流专业建设点(2019—2021 年)

专业名称	教育部属院校	地方院校
物流管理	北京交通大学、大连理工大学、东南大学、对外经济贸易大学、合肥工业大学、华东理工大学、华中科技大学、吉林大学、同济大学、武汉理工大学、西南财经大学、西南交通大学、长安大学、郑州大学、中南财经政法大学	安徽大学、安徽工程大学、安庆师范大学、北华航天工业学院、北京工商大学、北京物资学院、常州工学院、成都工业学院、大连海事大学、大连交通大学、东北财经大学、福州大学、福州外语外贸学院、广东财经大学、广州大学、广州工商学院、海南大学、贵州财经大学、哈尔滨商业大学、合肥学院、河北经贸大学、河南工业大学、湖北经济学院、湖北汽车工业学院、湖南工商大学、湖南工学院、华东交通大学、华南师范大学、淮北师范大学、集美大学、江苏科技大学、江西财经大学、兰州交通大学、临沂大学、南京财经大学、南京审计大学、南京晓庄学院、南京信息工程大学、南宁师范大学、内蒙古财经大学、宁波大学、宁波工程学院、青岛理工大学、曲阜师范大学、厦门理工学院、山东财经大学、山西财经大学、上海第二工业大学、上海对外经贸大学、上海海事大学、上海商学院、沈阳航空航天大学、石家庄铁道大学、太原理工大学、天津财经大学、天津科技大学、武汉工商学院、武汉科技大学、武汉轻工大学、西安邮电大学、西南科技大学、新疆财经大学、云南大学、云南财经大学、长江大学、长沙学院、浙江工商大学、浙江万里学院、郑州航空工业管理学院、郑州轻工业大学、重庆工商大学、重庆交通大学

（续表）

专业名称	教育部属院校	地方院校
物流工程	北京交通大学、北京科技大学、东北林业大学、华南理工大学、天津大学、武汉理工大学、西南交通大学、长安大学	北京物资学院、大连海事大学、桂林航天工业学院、河北科技大学、华北理工大学、昆明理工大学、厦门华厦学院、山东交通学院、上海海事大学、武汉科技大学、徐州工程学院、长沙理工大学、郑州航空工业管理学院、中南林业科技大学、重庆文理学院
供应链管理	中央财经大学	
采购管理		北京物资学院

根据表2，111个国家级一流专业建设点中，有86所大学的物流管理专业被评选为国家级一流本科专业，其中教育部部属院校共15所，如华中科技大学、东南大学、吉林大学等；地方院校共71所，如北京工商大学、上海海事大学、福州大学等。有23所大学的物流工程专业被评选为国家级一流本科专业建设点，其中教育部部属院校共8所，如天津大学、北京交通大学、武汉理工大学等；地方院校共15所，如长沙理工大学、昆明理工大学等。另外，中央财经大学的供应链管理专业、北京物资学院的采购管理专业也被评选为国家级一流本科专业建设点。

物流学子将何去何从？

▶▶物流管理与工程的融合：物流解决方案（物流学子的核心竞争力）

通俗地讲，物流就是在合适的时间和地点，运用合适的工具将合适的物品送给合适的人，如果将企业比作一个人，那么物流就是血管，搭建起朝身体各处运送养分和物质的通道。物流对于企业发展的重要性由此可见，对于国家亦然，物流业对推动国民经济的快速发展，在国家战略实施方面发挥着重要作用。无论是企业在未来的转型发展还是国家推动现代化物流体系建设，都需要大量的综合性高质量物流人才，为物流行业的发展提供切实可行的物流解决方案。那么，什么是物流解决方案呢？

➡➡物流解决方案

针对客户的物流需求和挑战，在公司基础物流产品的基础上，通过整合公司的运营、知识、工具、人才、流程和科技，来提供满足客户物流需求的系统方案，以传递物流外包价值。简单来说，就是运用物流专业的知识和技术方法帮助企业解决遇到的物流问题，提高企业物流运作效率和效益。以做饭为例，首先人们一般会考虑吃饭的人喜欢吃什么以及有什么菜品和餐具，然后做出一桌满意的饭菜来。将做饭的场景换到物流企业中，做饭的过程就成为制订物流解决方案的过程。具体来说，制订一个物流解决方案主要有四个步骤：

一是明确现状。通过与企业充分沟通和调研，深入了解企业产品（产品的尺寸、包装、运输要求等）、物流运营（仓库容量、分布以及主要货物运输方式、运输能力等）、物流订单（货源来自哪里、在哪里销售以及主要卖给谁）等方面的详细信息。

二是抓住关键点。根据上一步得到的信息，分析企业物流能够持续运营的关键因素，比如仓库布局是否合理，订单处理方式是否合理，运输方式能否平衡效率和成本两方面的要求等。

三是设计方案。对上一步分析到的关键环节中存在的问题提出解决方案。以运输环节为例，将原有运输模式进行改善，针对不同货物需求、不同订货频次的客户开展不同的运输模式，形成一个组合的运输方案。

四是保障服务。提出确保上一步提出的方案能够顺利落实所需要的资源和服务条件，并提出如何为方案落实提供保障，通过仿真模拟等手段检测方案效果等。

➡➡物流学子核心竞争力——物流解决方案设计

一份有效的物流解决方案能够在实现更高效率、提升服务水准并实现差异化、降低成本和风险、塑造品牌形象等方面为企业提供重要帮助。例如，戴尔公司通过采用精益物流战略，按照订单数量进行生产，尽量维持低库存水平，使得戴尔公司每年用于产品创新的支出不到5亿美元，平均占公司销售额的1.5%，而其主要的竞争对手惠普公司每年用于产品创新的支出则高达40亿美元，平均占到公司销售额的6.3%，这份精益物流解决方案帮助戴尔公司节约了大量的成本，并在竞争中占据资金优势。类似的案例还有很多，这些帮助公司进一步发展甚至起死回生的物流解决方案都是由一位位物流业的从业人才设计出来的。

菜鸟物流助力头部车企，提供一站式物流科技解决方案①

作为物流科技领域的领头羊，菜鸟将目光聚焦于汽车生产与销售的物流供应链环节。公开信息显示，面向汽车行业，菜鸟物流科技提供的一站式解决方案已覆盖入厂物流、工厂物流、整车物流、备件/售后物流等四大业务场景，数字供应链更是完整覆盖汽车全场景物流业务。以整车物流环为例，上汽通用五菱与菜鸟合作首次设计打造了基于成本时效的整车物流智能调度系统。通过建立多场景算法综合模型，自动推荐并决策出成本或时效最优的调度路径，让调度告别了经验主义和人工选择模式。而在厂内物流环节，菜鸟为宁波更大集团智能工厂提供了一个完整的基于机器人和混场调度的智慧物流解决方案。在该方案的助力下，智能工厂项目实现生产效率提升25%，运营成本降低22%。当下，菜鸟物流科技正计划为汽车行业客户提供运输和优化、供应链控制塔、自动化无人物流等解决方案。

物流解决方案需要以客户需求为目标，遵循整体最优化、简单经济、易操作等原则，提高物流服务水

①数据来源：广州日报．菜鸟与头部车企深化合作，提供一站式物流科技解决方案[EB/OL]．[2023-08-29](2024-03-06)．

平和创造增值服务。物流解决方案的制订需要对物流过程中的运输、配送、仓储、包装、搬运装卸、流通加工、信息处理这七大环节都有所了解，将各个复杂的环节统一协调起来，对物流专业素养有着较高的要求。这需要物流学子们认真学习专业知识，打好基础，这样才能够在未来胜任企业物流解决方案设计工作。

➡➡如何在学习中培养制订物流解决方案的能力？

物流管理与工程类专业是管理与技术的交叉学科，它将管理和工程学科进行融合，要求学生具有扎实的管理学基础、经济学和信息技术基础知识以及较高的英语水平和计算机基础技能，同时要求学生在掌握工科基础知识的前提下，熟悉法规，掌握现代物流管理理论、信息系统的手段、方法，具备物流管理、规划、设计等较强实务运作能力，成为高级现代物流管理人才。物流管理和工程的融合造就了物流学子的核心竞争力，使其掌握物流系统的设计与运作管理，物流信息系统软件开发以及物流电子设备设计等领域知识，能够更好地满足国家和企业转型发展的需求。学生在大学学习的过程中，需要认真掌握课程专业知识，熟悉基础物流术语的概念，配合教学任务计划的同时，注重自身能力的提升，增加自己对物流行业的了解，学习并了解物流优化决策和运营管理的各个环节，了解常用办公软件等，培养今后制订物流解决方案的能力。

▶▶从历史数据看就业

➡➡物流人才就业需求增加

近年来，我国物流行业持续快速发展，2023 年全国社会物流总额为 352.4 万亿元，按可比价格计算，同比增长 5.2％，增速比 2022 年提高 1.8 个百分点。物流需求规模再创新高，社会物流总额增速恢复至正常年份平均水平①。物流行业的扩张也伴随着对物流人才需求的增长，目前国内开设物流管理与工程类专业建设点超过760 个，为培养物流专业人才服务行业发展做出了巨大努力，但是仍未满足现有物流人才需求。截至 2023 年，我国物流行业从业人员达 5000 多万，但仍无法满足全球第一公路货运大国、第一海运大国、第一快递大国的物流人才需求。

---

①数据来源：中国物流与采购联合会 2021 年物流运行情况分析及 2022 年展望

➡➡物流学子历史就业数据分析

物流人才需求的增长也体现在就业方面,物流学子在就业方面相对其他专业而言具有优势。麦可思研究院主编的《2021年中国大学生就业报告》数据显示,本科专业毕业半年后就业率中,物流管理专业就业率为95.4%,排行第四,物流工程专业就业率为93.9%,排行第二十三,均位于就业率排行前三十名中。这说明,物流工程与管理类专业在就业市场上具备一定程度的竞争力,在经过大学四年专业知识的学习后,绝大多数物流专业的学生都能学有所成,找到合适的工作。报告中也显示,在快递物流行业就业的大学毕业生工作满意程度也不断提升,其中,2020届本科生在该行业的就业满意度为69%,相比2017届提升了4个百分点。近年来,本科毕业生进入快递物流行业(包括物流仓储业、同城快递业、外埠快递业)就业的人数比例为0.8%左右,相比往年有所提升,说明有越来越多的学生看好并选择物流方向。

在就业岗位方面,2021年物流工程专业招聘职位量约为179万,比2020年增长了13%①;2021年物流管理

①数据来源:职友集.物流工程专业就业前景

专业招聘职位量为 197 万，与 2019 年相近[①]。在快递物流业从业的大学毕业生，最主要从事的岗位是物流人员、行政人员。

从就业去向看，物流管理和物流工程本科毕业生在物流行业就业的比例分别为 19.1％、21.3％。从工作与专业相关度看，这两个物流相关专业的 2020 届毕业生中，能够从事与专业对口工作的比例总体较高（物流管理 51％，物流工程 58％），说明通过物流管理和物流工程本科专业的学习培养，学生能够具备更加综合多样化的发展空间，适应不同类型的工作。

在就业城市方面，物流管理与工程类专业学子就业岗位较多的主要是上海、北京、深圳等国内一线城市。在就业薪酬待遇方面，大学生在物流行业的收入逐年增长，2017 届至 2020 届本科生毕业半年后月收入依次为 4 572 元、5 020 元、5 170 元和 5 219 元，四年间增加了 647 元。此外，从工作年限上看，工作 1 年，2～3 年以及 4～5年的物流行业人员平均年薪分别为 7.2 万元，12 万元以及21.5 万元[②]，整体呈上升态势，说明物流行业人员的

①数据来源：职友集.物流管理专业就业前景

②数据来源：罗戈网.2019 物流生存报告——薪酬篇

待遇会随着工作时长的增加而增长，积累的从业经验能够持续发挥作用。

从上述数据中可以看出，物流管理与工程类本科专业的毕业生在就业市场中具备竞争优势，使得他们能够在激烈的竞争中脱颖而出，在认真完成专业教学计划安排、掌握所学专业知识后，他们大多可以找到一份满意的工作，综合化的培养还给予了他们多样化的发展空间，即使是非物流领域的工作一样可以胜任。物流业的发展推动着物流人才待遇的提升，物流学子们的收入和满意度都在逐年增长和提升，彰显着选择物流管理与工程类专业的光明前景。

▶▶从行业趋势看就业

受过去就业情况以及社会舆论的影响，大众认为物流管理与工程类专业本科毕业生就业仅仅局限于运输行业，如货运公司、快递公司等，其实这存在较大的误解。随着社会需求的不断发展，物流管理与工程类专业本科毕业生的就业方向非常广泛，包含制造型企业、商贸流通企业、第三方物流企业以及各类企事业单位。接下来将借助案例详细展示各个行业对物流管理与工程毕业生的需求。

首先便是大家比较了解的物流企业与电商企业，以京东物流和菜鸟驿站为例，2021 年 5 月 28 日，京东物流在港交所上市，成为仅次于顺丰的第二大物流公司。京东物流在 2022 年招聘 1 万名高校毕业生，其中 50%的岗位都对物流管理与工程类专业毕业生开放。菜鸟网络科技有限公司则于 2013 年 5 月 28 日成立，属阿里巴巴下属物流公司，致力于整合物流资源，提供电商物流解决方案。菜鸟 2023 届校园招聘面向海内外高校应届毕业生开放 8 大类职位。这些岗位分布在全国 50 多个城市，其中超过 8 成岗位是招聘物流运营人员，对物流管理与工程类专业的毕业生需求极大。

也许大家都认为中国移动是通信公司，不会需要物流相关的毕业生，没有相关的物流岗位。然而，中国移动近年来也在不断扩大对物流人才的需求。例如，中国移动正在推动物资集中化采购以及品牌化建设。这些新举措都需要物流相关人才的帮助，其近年来不断扩大物流管理与工程类专业本科毕业生的招聘。

其次就是制造型企业，经过几十年来的工业化和国家经济的快速发展，目前我国已具备发展智能制造的基础和条件，体现在两个方面：一方面，取得了一大批相关的基础研究成果，掌握了解决长期制约产业发展的办法，

如智能制造技术、机器人技术、感知技术等。当前，以新型传感器、智能控制系统、工业机器人为代表的智能制造装备产业体系逐步形成。另一方面，我国制造业数字化具备一定的基础。目前规模以上工业企业在研发设计方面应用数字化工具普及率已达54%，生产线上数控装备比重已达30%，已经具备智能化的基础。因此，对物流管理与工程的毕业生需求也在不断加大。

最后便是高新技术的相关企业。大家应该都很熟悉"长征火箭"，也许都认为长征集团招聘的人都应该是科技研究人员，然而长征集团如今正在不断招聘物流人才，负责长征火箭的运送工作，由于长征火箭的部件较大，其运输不同于普通货物，需要制订和实施专门的运输物流方案。长征火箭的运输主要借助多式联运，结合海运与陆运。长征五号的生产和发射所在地都在滨海城市（天津和海南），当长征五号在天津完成生产后，再分段由特殊改装的牵引车运输至天津的港口，而后再由专门运输火箭的远望21、22号运输船运至文昌清澜港，最后再通过特种车辆牵引走公路运输至文昌航天发射场进行垂直组装，因而，必须借助专业人才完成相关的运输过程，所以，长征火箭也在招聘相关的物流管理与工程类专业人才。

我国目前有大约 5 200 万人从事物流相关工作，同时每年都在增加招聘人数，因而物流管理与工程类专业毕业生的就业前景良好，就业范围广，而且物流岗位的薪资水平处于行业的中等偏上，薪资水平与年龄成正比，从业时长越长，年均薪资越高。物流管理与工程类专业实习生的年薪在 5 万～6 万元，一线工人的年薪在 10 万元左右，而物流高级管理人员年薪则可以达到 50 万元以上，从一线到主管到高级管理者，职级越高，薪酬的跃进越明显，可以凭借自身的努力获得更高的酬劳。

▶▶物流人的职场发展

物流业从业者的职场发展不同于大多数其他企业，大多数物流人都必须从基层做起，即使是从事管理岗位，也必须对基层的工作有充分的认识，并且物流人提升必须有足够的工作经验，需要比较长的工作素养培养时间。同时发展方向也不同于互联网类工作，只能向上发展，而物流人可以在物流领域有三种发展方向，首先是向上发展，即沿着原有的从事的岗位向上，例如，仓管员、仓库主管、仓库经理就属于向上发展；其次，就是向左右发展，即由原先的岗位前往不同的岗位，例如，由仓库类工作向运输类工作转变，或向管理岗位发展。最后一种就是向外

发展，物流人从事的工作面向客户较广，可以通过工作的过程找到自己喜爱的职业和岗位，这也是物流人的职场发展特点。

综上所述，你可能会认为物流毕业生想做出成就需要很长的时间，其实并非如此，虽然物流业的晋升所需时间较长，但是只要你具有过硬的专业知识和认真的态度，也可以在较短的时间内做出成绩。天津大学毕业的韩鎏就是如此，他于2011年7月获得天津大学物流工程专业学士学位，毕业后开始在京东任职京东商城仓库及物流部高级经理，随后于2014年任职管理监督部高级经理。2015年至2018年，韩鎏加入京东物流集团并担任国际供应链部总经理。2019年1月起担任阿里巴巴及普通股于联交所上市共享零售事业部、同城物流事业部及超市生态事业部总经理。韩鎏自2021年8月起担任阿里巴巴集团本地消费者服务事业部的超市事业部总经理。韩鎏在京东刚开始从事于仓储的标准化建设，之后从事物流精益及改善方面的工作，随着时间的推移，以及相关工作经验的积累，韩鎏一步步从最基础的职员，晋升到企业的高管。

物流管理与工程类专业本科生的升学前景也非常好，无论在国内深造还是在海外留学都有多个选择，既可以选择攻读物流与供应链管理领域的专业硕士学位，也可以选择硕博连读或直博获得博士学位。博士毕业后既可以在高等学校、科研院所从事教育和科研工作，也可以在政府管理部门或者央企、大型国有企业或民营企业、跨国公司从事管理或专业科研工作。

·小贴士· 华中科技大学物流管理本科专业的“双子星”。2023年，国家自然科学基金委员会管理科学部评选出13位国家杰出青年基金项目获得者（简称“国家杰青”），其中毕业于华中科技大学物流管理本科专业的就有2位——关旭和田林（两人在2019年同时荣膺“国家优青”）。关旭2007年本科毕业，之后在华中科技大学管理学院硕博连读，获得管理科学与工程专业博士学位，现在是华中科技大学管理学院教授、博士生导师，供应链管理与系统工程系主任。田林2009年毕业于华中科技大学物流管理本科专业，考取复旦大学管理科学与工程专业研究生，博士毕业后在上海财经大学短期工作后回到复旦大学管理学院任教，现在是复旦大学管理学院教授、博士生导师，管理科学系副系主任。

随着国家推进智慧物流建设，物流管理与工程类专业毕业生迎来一系列新的就业方向与岗位，包括智慧仓

规划与设计、供应链网络优化、物流大数据分析师等，基于数据预处理、数据探索、模型建立、模型评估、可视化分析和表达、机器学习等过程，挖掘数据中蕴含的有价值的信息，促进现代物流业高质量发展。例如，可以在无人仓库或者无人工厂中负责无人机器人的运行，以日日顺供应链无人仓库为例，仓库中负责分拣搬运的是无人运输小车，这些小车具备自我识别的能力，但是由于仓库内运行环境复杂，需要物流专业人员负责无人车运输路径的规划，根据仓库运营实际需要给不同规格的小车设定先后运行顺序，确定搬运量等数据，进而实现整个工厂运行效率的最大化。

上述大多是企业日常运营和管理相关工作，也许你不太喜欢“朝九晚五”的工作，而想从事创新工作，那么物流人同样也可以去做。如今很多企业也在积极吸收新的有生力量来攻克物流优化和创新问题，招聘物流管理与工程类专业优秀毕业生来从事创新创业相关工作。

京东于2016年5月成立京东X事业部，专注于“互联网＋物流”，打造的是京东“无人科技”，4个主打方向分别是无人仓、无人车、无人机和无人零售，X事业部也被称为“京东智慧物流技术部队”；又在2016年11月成立京东Y事业部，它以服务泛零售为核心，着重智慧供应链管理能力打造，核心使命是利用人工智能驱动零售革新，将销量精细化预估至每个商品单元上，帮助京东自营管理人员制定商品销售策略和备货计划，将用户想买的商品提前送到就近的仓库。围绕供应链人工智能平台，Y事业部还在持续推进智能库存管控、智能定价、智能促销等模块在京东自营零售管理中的应用。

顺丰速运则在 2009 年就已经成为顺丰科技有限公司，同样致力于研发智慧物流相关设施设备有关工作，包括大数据生态、人工智能、智慧地图、无人机、自动化与机器人等。

也许大家会认为科技公司与物流类专业毕业生关系不大，需要的大多是科技研发人员，实则不然。新技术的诞生除了需要研发人员外，也需要应用场景的支持，需要有熟知物流相关知识的人员参与，物流管理与工程类专业毕业生同时具备物流装备研发的基础知识以及相应物流技术应用场景的相关方法与技能。因此，去科技公司从事研发创新的物流管理与工程的毕业生也很多；同时，企业也有较大的需求。

综上可知，物流管理与工程类专业毕业生的就业方向十分广泛，可以进入大多数行业内工作，如果你对创新创业比较关注和喜欢，也可以进入相应的物流科技公司从事创新创业工作，而且我国目前在物流人才上的缺口也比较大，发展前景非常好。虽然就业前期的基层工作比较辛苦，需要较多的工作经验支撑，也需要经过较长时间的工作积累，但是只要努力，物流人的职场发展前景十分广阔。

“走进大学”丛书书目

什么是地质？	殷长春	吉林大学地球探测科学与技术学院教授（作序）
	曾　勇	中国矿业大学资源与地球科学学院教授 首届国家级普通高校教学名师
	刘志新	中国矿业大学资源与地球科学学院副院长、教授
什么是物理学？	孙　平	山东师范大学物理与电子科学学院教授
	李　健	山东师范大学物理与电子科学学院教授
什么是化学？	陶胜洋	大连理工大学化工学院副院长、教授
	王玉超	大连理工大学化工学院副教授
	张利静	大连理工大学化工学院副教授
什么是数学？	梁　进	同济大学数学科学学院教授
什么是统计学？	王兆军	南开大学统计与数据科学学院执行院长、教授
什么是大气科学？	黄建平	中国科学院院士 国家杰出青年基金获得者
	刘玉芝	兰州大学大气科学学院教授
	张国龙	兰州大学西部生态安全协同创新中心工程师
什么是生物科学？	赵　帅	广西大学亚热带农业生物资源保护与利用国家重点实验室副研究员
	赵心清	上海交通大学微生物代谢国家重点实验室教授
	冯家勋	广西大学亚热带农业生物资源保护与利用国家重点实验室二级教授
什么是地理学？	段玉山	华东师范大学地理科学学院教授
	张佳琦	华东师范大学地理科学学院讲师
什么是机械？	邓宗全	中国工程院院士 哈尔滨工业大学机电工程学院教授（作序）
	王德伦	大连理工大学机械工程学院教授 全国机械原理教学研究会理事长

什么是材料？　赵　杰　大连理工大学材料科学与工程学院教授

什么是自动化？王　伟　大连理工大学控制科学与工程学院教授

国家杰出青年科学基金获得者(主审)

王宏伟　大连理工大学控制科学与工程学院教授

王　东　大连理工大学控制科学与工程学院教授

夏　浩　大连理工大学控制科学与工程学院院长、教授

什么是计算机？嵩　天　北京理工大学网络空间安全学院副院长、教授

什么是土木工程？

李宏男　大连理工大学土木工程学院教授

国家杰出青年科学基金获得者

什么是水利？　张　弛　大连理工大学建设工程学部部长、教授

国家杰出青年科学基金获得者

什么是化学工程？

贺高红　大连理工大学化工学院教授

国家杰出青年科学基金获得者

李祥村　大连理工大学化工学院副教授

什么是矿业？　万志军　中国矿业大学矿业工程学院副院长、教授

入选教育部“新世纪优秀人才支持计划”

什么是纺织？　伏广伟　中国纺织工程学会理事长(作序)

郑来久　大连工业大学纺织与材料工程学院二级教授

什么是轻工？　石　碧　中国工程院院士

四川大学轻纺与食品学院教授(作序)

平清伟　大连工业大学轻工与化学工程学院教授

什么是海洋工程？

柳淑学　大连理工大学水利工程学院研究员

入选教育部“新世纪优秀人才支持计划”

李金宣　大连理工大学水利工程学院副教授

什么是海洋科学？

管长龙　中国海洋大学海洋与大气学院名誉院长、教授

什么是航空航天？

万志强　北京航空航天大学航空科学与工程学院副院长、教授

杨　超　北京航空航天大学航空科学与工程学院教授

入选教育部“新世纪优秀人才支持计划”

什么是生物医学工程?

万遂人　东南大学生物科学与医学工程学院教授
中国生物医学工程学会副理事长(作序)
邱天爽　大连理工大学生物医学工程学院教授
刘　蓉　大连理工大学生物医学工程学院副教授
齐莉萍　大连理工大学生物医学工程学院副教授

什么是食品科学与工程?

朱蓓薇　中国工程院院士
大连工业大学食品学院教授

什么是建筑?　齐　康　中国科学院院士
东南大学建筑研究所所长、教授(作序)
唐　建　大连理工大学建筑与艺术学院院长、教授

什么是生物工程?贾凌云　大连理工大学生物工程学院院长、教授
入选教育部“新世纪优秀人才支持计划”
袁文杰　大连理工大学生物工程学院副院长、副教授

什么是物流管理与工程?

刘志学　华中科技大学管理学院二级教授、博士生导师
刘伟华　天津大学运营与供应链管理系主任、讲席教授、博士生导师
国家级青年人才计划入选者

什么是哲学?　林德宏　南京大学哲学系教授
南京大学人文社会科学荣誉资深教授
刘　鹏　南京大学哲学系副主任、副教授

什么是经济学?原毅军　大连理工大学经济管理学院教授

什么是经济与贸易?

黄卫平　中国人民大学经济学院原院长
中国人民大学教授(主审)
黄　剑　中国人民大学经济学博士暨世界经济研究中心研究员

什么是社会学?张建明　中国人民大学党委原常务副书记、教授(作序)
陈劲松　中国人民大学社会与人口学院教授
仲婧然　中国人民大学社会与人口学院博士研究生
陈含章　中国人民大学社会与人口学院硕士研究生

什么是民族学?南文渊　大连民族大学东北少数民族研究院教授

什么是公安学?靳高风　中国人民公安大学犯罪学学院院长、教授
李姝音　中国人民公安大学犯罪学学院副教授

什么是法学？　陈柏峰　中南财经政法大学法学院院长、教授
第九届“全国杰出青年法学家”
什么是教育学？孙阳春　大连理工大学高等教育研究院教授
林　杰　大连理工大学高等教育研究院副教授
什么是小学教育？刘　慧　首都师范大学初等教育学院教授
什么是体育学？于素梅　中国教育科学研究院体育美育教育研究所副所长、研究员
王昌友　怀化学院体育与健康学院副教授
什么是心理学？李　焰　清华大学学生心理发展指导中心主任、教授（主审）
于　晶　辽宁师范大学教育学院教授
什么是中国语言文学？
赵小琪　广东培正学院人文学院特聘教授
武汉大学文学院教授
谭元亨　华南理工大学新闻与传播学院二级教授
什么是新闻传播学？
陈力丹　四川大学讲席教授
中国人民大学荣誉一级教授
陈俊妮　中央民族大学新闻与传播学院副教授
什么是历史学？张耕华　华东师范大学历史学系教授
什么是林学？　张凌云　北京林业大学林学院教授
张新娜　北京林业大学林学院副教授
什么是动物医学？陈启军　沈阳农业大学校长、教授
国家杰出青年科学基金获得者
“新世纪百千万人才工程”国家级人选
高维凡　曾任沈阳农业大学动物科学与医学学院副教授
吴长德　沈阳农业大学动物科学与医学学院教授
姜　宁　沈阳农业大学动物科学与医学学院教授
什么是农学？　陈温福　中国工程院院士
沈阳农业大学农学院教授（主审）
于海秋　沈阳农业大学农学院院长、教授
周宇飞　沈阳农业大学农学院副教授
徐正进　沈阳农业大学农学院教授
什么是医学？　任守双　哈尔滨医科大学马克思主义学院教授
什么是中医学？贾春华　北京中医药大学中医学院教授
李　湛　北京中医药大学岐黄国医班（九年制）博士研究生

什么是公共卫生与预防医学？

刘剑君 中国疾病预防控制中心副主任、研究生院执行院长

刘　珏 北京大学公共卫生学院研究员

么鸿雁 中国疾病预防控制中心研究员

张　晖 全国科学技术名词审定委员会事务中心副主任

什么是药学？ 尤启冬 中国药科大学药学院教授

郭小可 中国药科大学药学院副教授

什么是护理学？ 姜安丽 海军军医大学护理学院教授

周兰姝 海军军医大学护理学院教授

刘　霖 海军军医大学护理学院副教授

什么是管理学？ 齐丽云 大连理工大学经济管理学院副教授

汪克夷 大连理工大学经济管理学院教授

什么是图书情报与档案管理？

李　刚 南京大学信息管理学院教授

什么是电子商务？ 李　琪 西安交通大学经济与金融学院二级教授

彭丽芳 厦门大学管理学院教授

什么是工业工程？ 郑　力 清华大学副校长、教授（作序）

周德群 南京航空航天大学经济与管理学院院长、二级教授

欧阳林寒 南京航空航天大学经济与管理学院研究员

什么是艺术学？ 梁　玖 北京师范大学艺术与传媒学院教授

什么是戏剧与影视学？

梁振华 北京师范大学文学院教授、影视编剧、制片人

什么是设计学？ 李砚祖 清华大学美术学院教授

朱怡芳 中国艺术研究院副研究员